AF618262

CORNELIA STEINFELD (HG.)

DIE BIBEL IN FORMEN UND FARBEN II

SCHNELL + STEINER

INHALT

EINLEITUNG

Wie sieht unsere Zukunft aus – im Angesicht unzähliger Kriege und großer Ungerechtigkeit? Wie können wir dennoch glücklich sein oder zumindest zeitweise aus dem Sorgenkarussell aussteigen? Wie können wir unseren Glauben bewahren? Wie wichtig sind Freiheit, Dankbarkeit und Freundschaft für ein gelingendes Leben? Es gibt so viele Fragen, die uns immer wieder beschäftigen. Antworten hat die Künstlerin Cornelia Steinfeld in der Bibel gefunden. Mehr als 40 Bibelstellen, die diese großen Lebensthemen aufgreifen, hat sie illustriert. Zu ihren Grafiken in einer einzigartigen, reduzierten und klaren Farb- und Formensprache gibt es Impulse von unterschiedlichen Autorinnen und Autoren. Nach »Die Bibel in Formen und Farben« und »Trauer in Formen und Farben« eröffnet auch dieses Buch wieder ganz neue Perspektiven, wenn Design auf Bibel trifft.

»Design« hält neben formal-ästhetischen Funktionen immer auch einen praktischen Nutzen vor. Symbole sind dabei ein wichtiger Baustein zur Reduktion: Sie helfen bei der Orientierung, der Zuordnung und der Wiedererkennung von Szenen und Geschichten. Das Christentum verwendet Symbole schon sehr lange. Es gibt viele Symbole, die jeder Christ kennt: Das Kreuz steht für das Leiden Jesu, der Fisch steht für den Glauben an Christus, die Taube für den Heiligen Geist. Darüber hinaus beschränkt sich die Kirche auf vier liturgische Farbtöne und auch das Kirchenjahr hat mit einer Dreiteilung eine klare Struktur. Strukturen, Zeichen und Zuordnungen helfen, sich Dinge einzuprägen und zu visualisieren. Hier wird die Praxisnähe von Gestaltung, von Design, deutlich.

Das Buch »Die Bibel in Formen und Farben II« setzt an diesem Punkt an. Der Kern der biblischen Texte wird in einer neuen Farb- und Formensprache erfasst und auf das Wesentliche reduziert. Auf jeder Doppelseite sind rechts das Bild und links zwei Texte abgedruckt: die Bibelstelle und ein ebenfalls auf eine neue Sichtweise angelegter Impuls einer Autorin oder eines Autors, darunter lyrische Texte, theologische Beiträge, Gedanken oder Gebete.

Bei den Darstellungen werden neun Farben – teils in Abstufungen – verwendet. Die Farbe Rot beispielsweise steht für große Emotionen, die Farbe Blau für Transzendenz. Der Farbton Weiß symbolisiert Gott, Jesus und das Gute. Als häufigste Form tritt der Kreis in Erscheinung, er steht – nicht zufällig – für das Göttliche und für Menschen. Bei dem Begriff »Gemeinschaft« zum Beispiel treffen drei unterschiedliche Menschen aufeinander. In der Überlappung, die entsteht, bildet sich ein weißes Element. Dies steht für den Glauben und für Jesus, der sich in der Gemeinschaft zeigt.

Die Beschäftigung mit den Grafiken löst einen kreativen und vor allen Dingen kommunikativen Prozess aus, in dem es Freiraum für Interpretationen gibt. Es gibt kein Richtig und kein Falsch. Das Buch kann vielfältig genutzt werden: Als Mediationsgrundlage, für die Arbeit mit Kindern, Jugendlichen und Erwachsenen, als Impulseinstieg für Workshops oder als Gesprächsstoff in der Familien- und Trauerarbeit.

Cornelia Steinfeld, geboren 1981 in Osnabrück, studierte an der Hochschule für Gestaltung in Offenbach und schloss 2007 ihr Studium mit einem Diplom in Grafik-Design ab. Sie war vier Jahre als Grafik-Designerin des Bistums Limburg tätig, bevor sie sich 2012 mit ihrem Unternehmen »steinfeld : visuelle kommunikation« selbstständig machte. Der Schwerpunkt ihrer Arbeit liegt im kirchlich-kulturellen Bereich. Die Basis aller Produkte, Druckerzeugnisse und Corporate Identities, die Cornelia Steinfeld entwirft, ist eine klare Farb- und Formensprache. Die Gestalterin möchte über das Visuelle mit den Menschen kommunizieren. Ihre Arbeiten wurden mit anerkannten Designpreisen ausgezeichnet, darunter IF-Awards, Red-Dot-Awards sowie eine Auszeichnung des Art Director Clubs für Deutschland e.V.

ANFANG

Jesus Sirach 43,1–27

Der Stolz der Höhe ist ein Firmament von Reinheit, die Gestalt des Himmels beim Anblick der Herrlichkeit. Die Sonne verkündet durch ihr Erscheinen beim Aufgang, ein wunderbares Geschöpf, ein Werk des Höchsten! Zur Mittagszeit trocknet sie den Boden aus, wer wird bestehen vor ihrer Glut? Wer in einen Ofen bläst bei Arbeiten mit Glut – dreimal so stark versengt die Sonne Berge; sie atmet Feuerdämpfe aus und blendet mit gleißenden Strahlen die Augen. Groß ist der Herr, der sie gemacht hat, mit seinen Worten beschleunigt er ihren Lauf. Auch der Mond hält sich in allem an seinen Zeitpunkt, zur Festsetzung der Zeiten und als Zeichen auf Dauer. Vom Mond geht das Zeichen für einen Festtag aus, ein Gestirn, das abnimmt bis zur Vollendung. Der Name Monat kommt vom Neumond, der wunderbar zunimmt beim Wechsel, ein Geschöpf des Heeres in der Höhe, das am Himmelsgewölbe leuchtet. Die Schönheit des Himmels ist der Glanz der Sterne, ein strahlender Schmuck in den Höhen des Herrn. Durch die Worte des Heiligen stehen sie gemäß ihrer Bestimmung und sie ermüden nie bei ihrer Wache. Schau den Regenbogen an und preise den, der ihn gemacht hat! Überaus schön ist er in seinem Glanz. Er zog am Himmel einen Kreis von Herrlichkeit, die Hände des Höchsten haben ihn ausgespannt. Mit seinem Befehl führt er rasch den Schnee herbei und er beschleunigt Blitze, wie er es bestimmt. Deswegen sind die Schatzkammern geöffnet und die Wolken sind ausgeflogen wie Vögel. In seiner Größe hat er Wolken zusammengeballt und Hagelsteine aus ihnen geschlagen. Bei seinem Anblick erbeben die Berge, durch seinen Willen weht der Südwind. Die Stimme seines Donners versetzt die Erde in Wehen, ebenso ein Sturm aus dem Norden und ein Wirbelwind. Wie Vögel herabfliegen, so streut er Schnee aus, wie eine Heuschrecke, die sich niederlässt, fällt er herab; seine weiße Pracht bewundert das Auge und über Schneeschauer staunt das Herz. Er streut Reif wie Salz auf die Erde, und wenn er gefroren ist, entstehen Eiszapfen. Ein eisiger Nordwind weht und Eis gefriert auf dem Wasser. Auf jedem stehenden Gewässer lässt es sich nieder, wie mit einem Panzer bekleidet sich das Wasser. Er verschlingt die Berge, dörrt die Wüste aus und versengt das sprossende Grün wie Feuer. Feuchter Nebel bringt rasch für alles Heilung, der Tau, der niederfällt, wird nach der Hitze erfrischen. Nach seinem Plan bändigt er den Abgrund des Meeres und pflanzt Inseln hinein. Die das Meer befahren, erzählen von seiner Gefahr und wir staunen über das, was unsere Ohren hören. Dort gibt es unglaubliche und wunderbare Werke, eine Vielfalt von allen Lebewesen, eine Schöpfung von Ungeheuern. Seinetwegen ist sein Bote erfolgreich und durch sein Wort ist all das zusammengefügt. Vieles werden wir sagen, aber wir kommen nie an ein Ziel und das Ende der Worte ist: Er ist das All.

VOR dem Anfang nur nichts und wieder nichts
überall kein All, nicht irgendwas irgendwann irgendwo
kein Leben, das erlebt und erfährt, erfühlt und erdenkt
und doch alles da, im Ur-Punkt als Möglichkeit verdichtet
unvorstellbar klein, unendlich heiß, unfassbar schwer
alles im Nichts chaotisch verborgen, Un-Dinge im Un-All

PLÖTZLICH der Ur-Anfang, alles entflieht dem Nichts
Zeit und Raum, Zufall über Zufall, Wunder und Wunden
all-schaffend welt-werdend farb-gebend sinn-stiftend
Körner zu Klumpen zu Felsen zu Sternen mit Planeten
Sonne, Mond und Erde – Leben im Meer und an Land
Pflanzen, Tiere und Menschen, die fragen und suchen
lachen und weinen, staunen und erschrecken – immerzu
Anfänger in einer Welt, die nicht aufhört zu beginnen

JETZT alles mitten im Nichts – alles nur Zufall im All
oder Glück und Sinn im Zufall, geworden durch Gott
selbst Anfang und Wort, Leben und Licht, All und alles
für uns Sonne, mit uns verbunden im Regenbogen
unfassbar schön, uns allen eigene Sichten eröffnend
schau das Geheimnis, hör deine Seele, entscheide frei

Rainer Oberthür

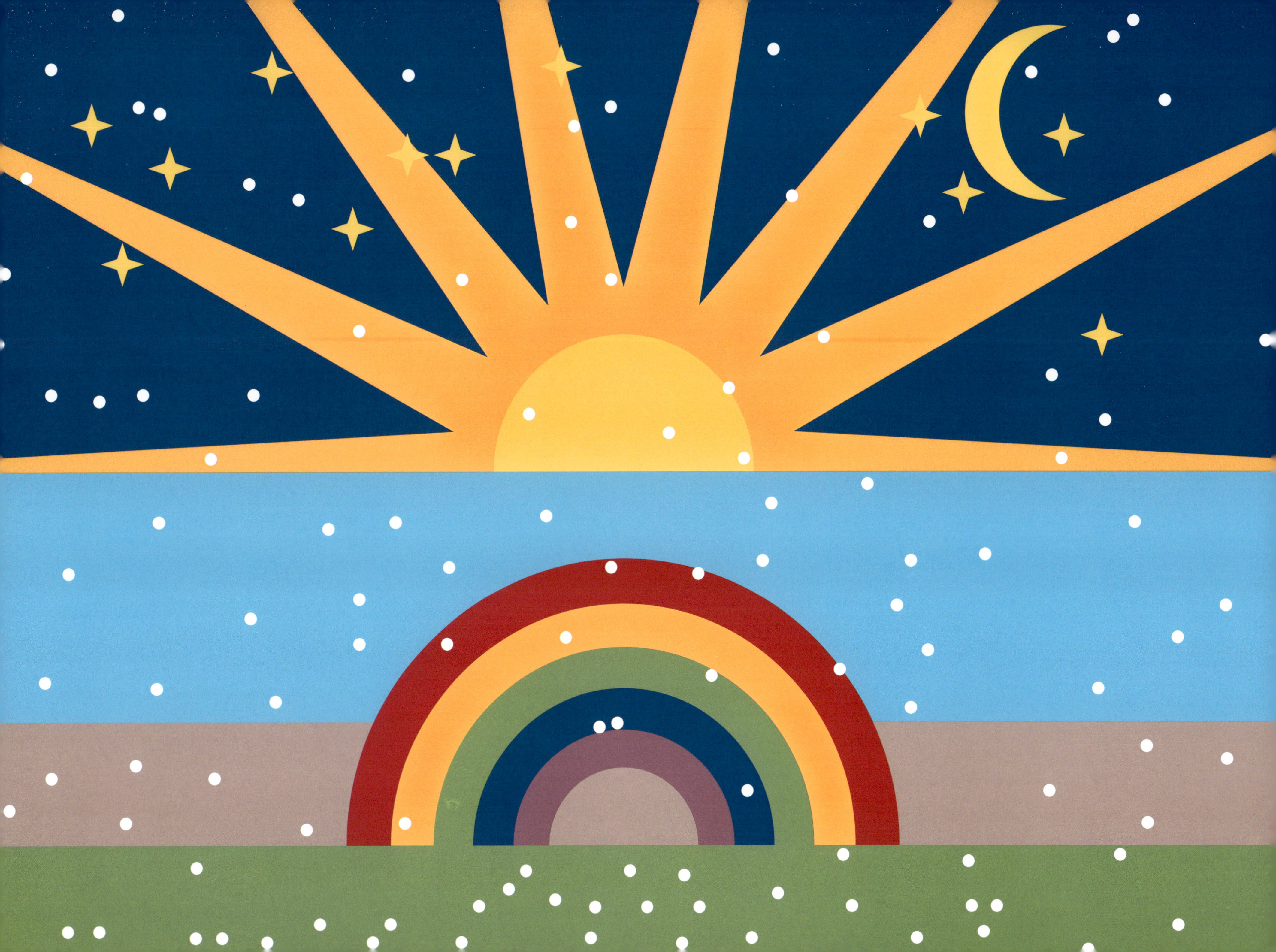

ANGRIFF

Sprichwörter/Sprüche 16,32

Besser ein Langmütiger als ein Kriegsheld, besser, wer sich selbst beherrscht, als wer eine Stadt erobert.

Was habe ich getan,
dass ich so leiden muss,
was nur verbrochen,
dass man mich
so heftig schlägt.
Andere haben entschieden,
mich fragten sie nicht,
nur wenige waren es,
doch die
mit tödlicher Macht.
Sie fanden Gründe
den Feind zu bekämpfen
das Recht ist auf unserer Seite
tönten sie laut.
Doch ihr Feind
ist nicht mein Feind,
nie tat er mir was.
Ich kenne ihn nicht,
bin ihm kaum
richtig begegnet.
Nie habe ich verstanden
was man mich
sehr früh lehrte,
wer Freund ist,
wer Feind bleibt,
das war einfach so.
Den Feind malten sie mir
in den dunkelsten Farben,
die Sanften und Friedfertigen
verschwiegen sie mir.
Jetzt ist entflammt
der grässliche Krieg
bringt Leid und Verderben,
Vernichtung und Tod.
Geflohen bin ich,
verwüstet mein Haus,
hinter starken Mauern
fand ich jetzt Schutz.
Um mich ein elendes
Schluchzen und Klagen,
ich verlor nur mein Haus,
andere die Mutter,
den Sohn.
Ich sehe erschüttert
in entsetzte Gesichter
sie können nicht fassen,
was um sie geschah.
Siehst du die Tränen,
die zitternden Glieder,
Ewiger, Unbegreiflicher,
bewegt dich das nicht?
Missbraucht wirst du
schamlos
von beiden Parteien,
dein Name ist Waffe
für schändliches Tun.
Fahre dazwischen,
lösche die Feuer.
Die Besonnenen stärke,
die Grausamen schwäche.
Und lass mich nicht hassen,
trotz meiner Wunden,
damit die Hoffnung
auf Frieden
in mir nie erlischt.

Stephan Wahl

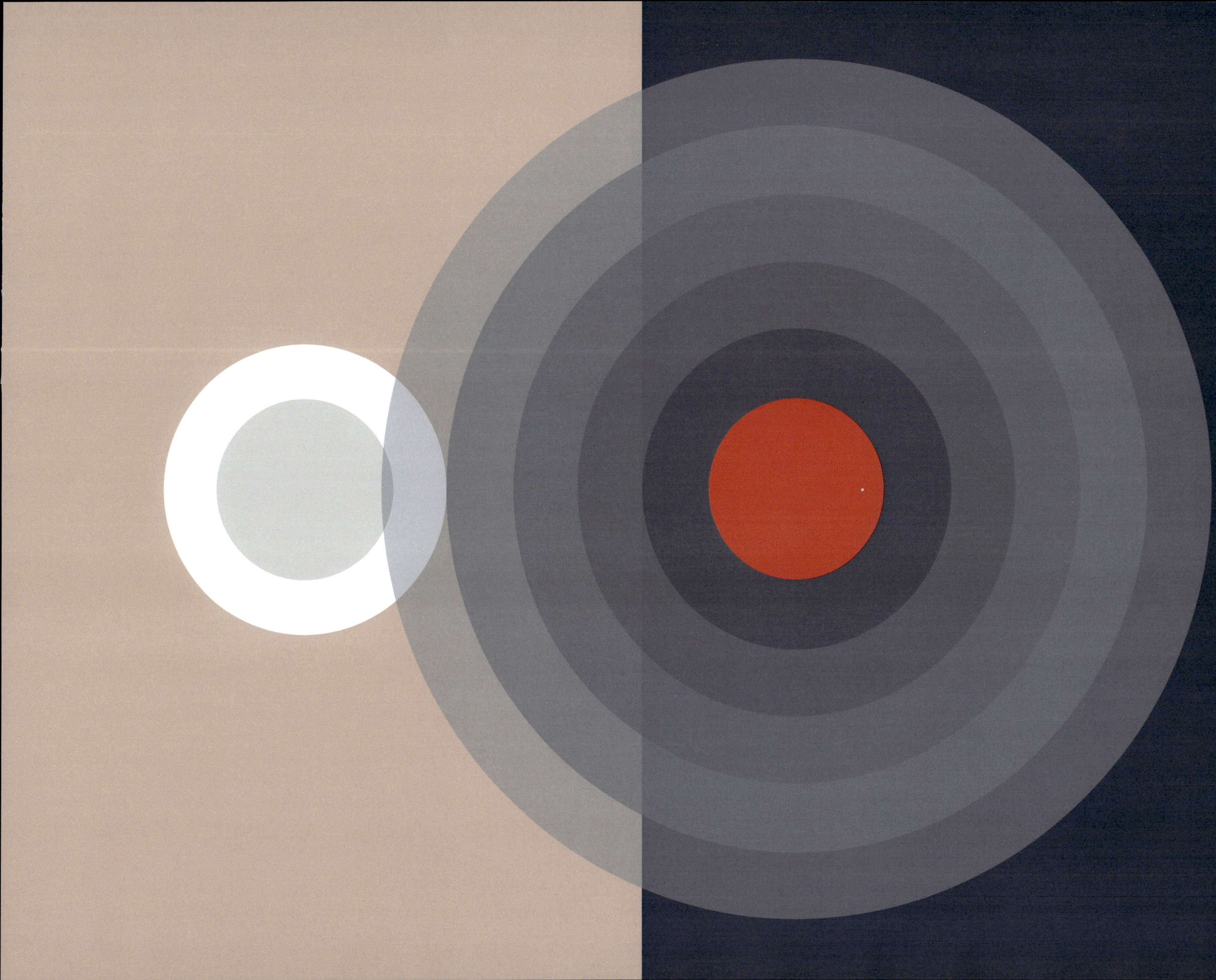

ARBEIT

Matthäus 20,1–16

Denn mit dem Himmelreich ist es wie mit einem Gutsbesitzer, der früh am Morgen hinausging, um Arbeiter für seinen Weinberg anzuwerben. Er einigte sich mit den Arbeitern auf einen Denar für den Tag und schickte sie in seinen Weinberg. Um die dritte Stunde ging er wieder hinaus und sah andere auf dem Markt stehen, die keine Arbeit hatten. Er sagte zu ihnen: Geht auch ihr in meinen Weinberg! Ich werde euch geben, was recht ist. Und sie gingen. Um die sechste und um die neunte Stunde ging der Gutsherr wieder hinaus und machte es ebenso. Als er um die elfte Stunde noch einmal hinausging, traf er wieder einige, die dort standen. Er sagte zu ihnen: Was steht ihr hier den ganzen Tag untätig? Sie antworteten: Niemand hat uns angeworben. Da sagte er zu ihnen: Geht auch ihr in meinen Weinberg! Als es nun Abend geworden war, sagte der Besitzer des Weinbergs zu seinem Verwalter: Ruf die Arbeiter und zahl ihnen den Lohn aus, angefangen bei den Letzten, bis hin zu den Ersten! Da kamen die Männer, die er um die elfte Stunde angeworben hatte, und jeder erhielt einen Denar. Als dann die Ersten kamen, glaubten sie, mehr zu bekommen. Aber auch sie erhielten einen Denar. Als sie ihn erhielten, murrten sie über den Gutsherrn und sagten: Diese Letzten haben nur eine Stunde gearbeitet und du hast sie uns gleichgestellt. Wir aber haben die Last des Tages und die Hitze ertragen. Da erwiderte er einem von ihnen: Freund, dir geschieht kein Unrecht. Hast du nicht einen Denar mit mir vereinbart? Nimm dein Geld und geh! Ich will dem Letzten ebenso viel geben wie dir. Darf ich mit dem, was mir gehört, nicht tun, was ich will? Oder ist dein Auge böse, weil ich gut bin? So werden die Letzten Erste sein und die Ersten Letzte.

»Stell dir vor, was geschehen ist!«, ruft der Arbeiter aus dem Weinberg abends seiner Frau zu. »Einen Denar habe ich bekommen!« Das Gesicht der Frau erstrahlt. Dafür kann sie einige Lebensmittel für die Familie kaufen.
Doch er ist verärgert: »Nur einen Denar! Diejenigen, die mittags oder noch später kamen, haben genau so viel erhalten wie ich! Das ist ungerecht!«
Die Frau sagt: »Du wusstest heute Morgen schon, dass dir der Lohn, mit dem du deine Familie ernähren kannst, sicher ist. Was kümmern dich die anderen?«
Der Mann kommt ins Grübeln, aber dennoch sitzt der Neid in ihm. »Sie hätten weniger bekommen sollen«, mault er. »Aber dann«, so entgegnet die Frau, »wäre es vielleicht nicht genug gewesen, um satt zu werden. Sag, wann hast du angefangen dich zu ärgern?«
»Als ich den Lohn der anderen gesehen habe; da habe ich erwartet, dass ich wegen meiner langen Arbeitszeit mehr kriegen würde.«
»Als du dich mit anderen verglichen hast, fing das Übel an?« Der Mann nickt. Er dreht den Denar, der morgens vereinbart worden war und für den er so hart gearbeitet hat, zwischen seinen Fingern, und tatsächlich ist er froh, dass er ihn bekommen hat.

Ivonne Schweitzer

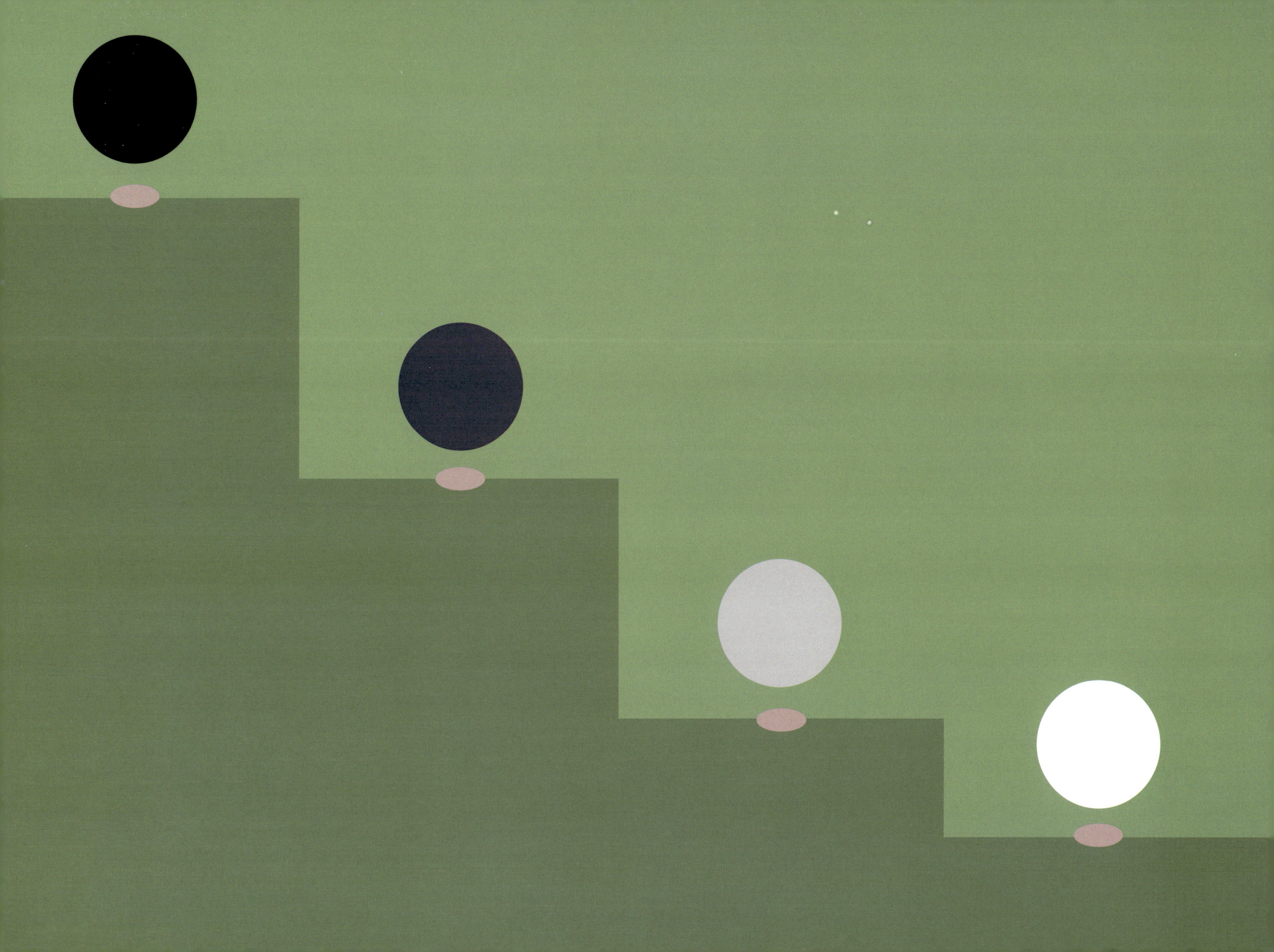

AUFGABE

Deuteronomium / 5.Mose 6,5–8

Darum sollst du den HERRN, deinen Gott, lieben mit ganzem Herzen, mit ganzer Seele und mit ganzer Kraft. Und diese Worte, auf die ich dich heute verpflichte, sollen auf deinem Herzen geschrieben stehen. Du sollst sie deinen Kindern wiederholen. Du sollst sie sprechen, wenn du zu Hause sitzt und wenn du auf der Straße gehst, wenn du dich schlafen legst und wenn du aufstehst. Du sollst sie als Zeichen um das Handgelenk binden. Sie sollen zum Schmuck auf deiner Stirn werden.

»Mama, ich glaube nicht an Gott. Muss ich überhaupt zum Religionsunterricht?«
Zugegeben, ich war etwas schockiert über diese Aussage meiner 12-jährigen Tochter. Wir gehen zwar nicht jeden Sonntag in die Kirche, aber wir sind in Kirchenchören aktiv, unsere Kinder sind getauft und zur Erstkommunion gegangen, und vor allen Dingen versuchen wir, sie christlich zu erziehen: Liebe deinen Nächsten wie dich selbst, sei für andere da, sei hilfbereit, freundlich und dankbar.
»Es geht ja nicht nur um einen möglichen Glauben an Gott, sondern darum, dass du christliche Werte lebst«, antwortete ich meiner Tochter.
Es wird immer schwieriger, unseren Glauben weiterzugeben. Zu groß sind die vielen Einflüsse und Eindrücke, mit denen unsere Kinder tagtäglich zu tun haben: Jedes kleine Video, jede Message, jeder Post nimmt Zeit in Anspruch, die an anderer Stelle fehlt.
Es ist an uns »dranzubleiben«, immer wieder deutlich zu machen, was uns Christen ausmacht, sonst wird die Generation nach unseren Kindern vielleicht nicht mehr wissen, was es heißt zu »glauben«.

Cornelia Steinfeld

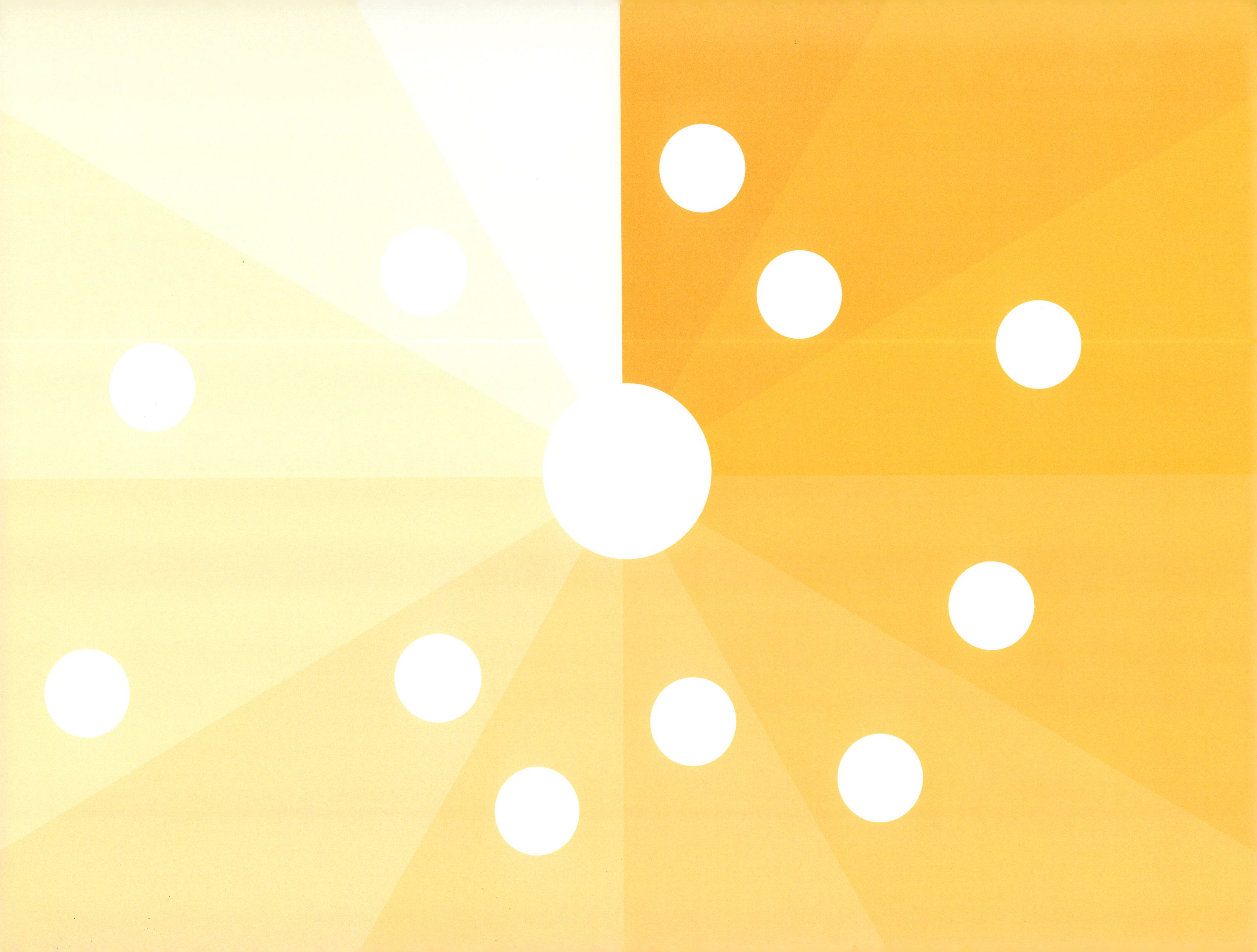

BARMHERZIGKEIT

Lukas 3,11

Er antwortete ihnen: Wer zwei Gewänder hat, der gebe eines davon dem, der keines hat, und wer zu essen hat, der handle ebenso!

Du, das göttliche Rot, stehst Seite an Seite mit dem Grau des Menschen. Einer hat sich geöffnet für Deine Liebe, Deine Barmherzigkeit in Zeiten der Kälte, Verhärtung und Besatzung.

Der Ruf von Johannes dem Täufer zur Umkehr ist die Antwort auf Deine Liebe. Er lässt sich erwärmen und erfüllen von Dir. Im Kleinen weicht das Grau dem Rot.

Um Johannes herum: Scharen, die fragen, ohne wissen zu wollen. Ohne Dich, das Rot, die Liebe und dadurch die Barmherzigkeit in ihr Leben einzulassen. Johannes warnt davor, sich mit dem Wissen um Deine Liebe in Sicherheit zu wähnen und so im Grau zu verharren. Wer barmherzig handelt und im Jordan die Taufe empfängt, schlägt mit Johannes ein neues Kapitel auf:

Wer annimmt, kann erfüllt werden.
Wer erfüllt ist, kann selbst wirken:
Sein Gewand bieten, Speise werden.
Mit dieser Veränderung werden neue Seiten aufgeschlagen.
Dein Zuspruch steht. Es ist an mir.

Ingrid Wegerhoff

BEFREIUNG

Apostelgeschichte 12,6–11

In der Nacht, ehe Herodes ihn vorführen lassen wollte, schlief Petrus, mit zwei Ketten gefesselt, zwischen zwei Soldaten; vor der Tür aber bewachten Posten den Kerker. Und siehe, ein Engel des Herrn trat hinzu und ein Licht strahlte in dem Raum. Er stieß Petrus in die Seite, weckte ihn und sagte: Schnell, steh auf! Da fielen die Ketten von seinen Händen. Der Engel aber sagte zu ihm: Gürte dich und zieh deine Sandalen an! Er tat es. Und der Engel sagte zu ihm: Wirf deinen Mantel um und folge mir! Und Petrus ging hinaus und folgte ihm, ohne zu wissen, dass es Wirklichkeit war, was durch den Engel geschah; es kam ihm vor, als habe er eine Vision. Sie gingen an der ersten und an der zweiten Wache vorbei und kamen an das eiserne Tor, das in die Stadt führt; es öffnete sich ihnen von selbst. Sie traten hinaus und gingen eine Gasse weit; und sogleich verließ ihn der Engel. Da kam Petrus zu sich und sagte: Nun weiß ich wahrhaftig, dass der Herr seinen Engel gesandt und mich der Hand des Herodes entrissen hat und alldem, was das Volk der Juden erwartet hat.

Wer kann Ketten sprengen?
Dazu habe ich ein berührendes Buch gelesen: die Geschichte der reichen Plantagenbesitzertochter Sarah, die sich in den Südstaaten 1820 gegen die Sklaverei auflehnt und konsequent ihren Weg geht. Der Weg ist nicht eben, er ist voller Rückschläge. Sie hat auch Angst und doch ist in ihr die innere Überzeugung, dass der Weg ins Licht führt und das Unrecht der Sklaverei überwunden werden wird.
Wie gut funktioniert unser Kompass, wenn es um Fragen der Gerechtigkeit im Hier und Jetzt geht? Welche Antworten finden wir als Christen auf Fragen der weltweiten Gerechtigkeit, auf Fragen von Armut und Reichtum in Deutschland, auf Fragen der Klimafolgen unseres Lebensstils oder auf Fragen von zunehmendem Rassismus und Rechtspopulismus?
Ich bin überzeugt, dass es auf uns ankommt. Auf unseren Weg, hin zu Jesus, zu Gerechtigkeit und Liebe. Dieser Weg führt ins Licht. So werden wir in der Lage sein, Ketten zu sprengen.

Irme Stetter-Karp

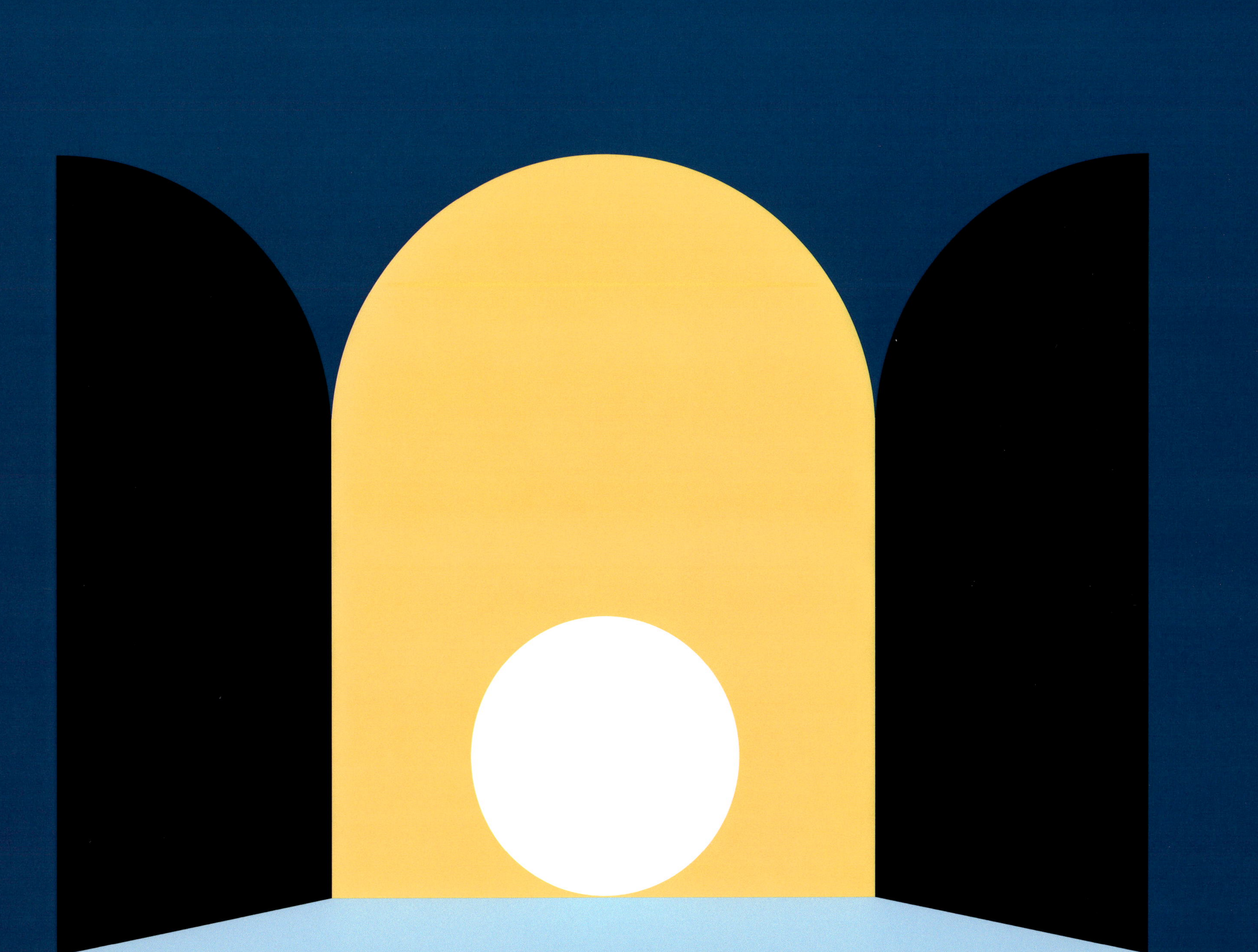

BEISTAND

Sprichwörter/Sprüche 16,24

Freundliche Worte sind eine Honigwabe,
süß für den Gaumen, heilsam für den Leib.

Im Gefüge einer Wabe gehalten
Gemeinschaft
Zur Seite stehen
Fest stehen
Auch ohne Worte
Und doch beweglich sein
Bewegt
Geborgen
Weich
Gut tun
Zuwenden
Honig heilt Wunden
Braucht die Welt

Maren Hase

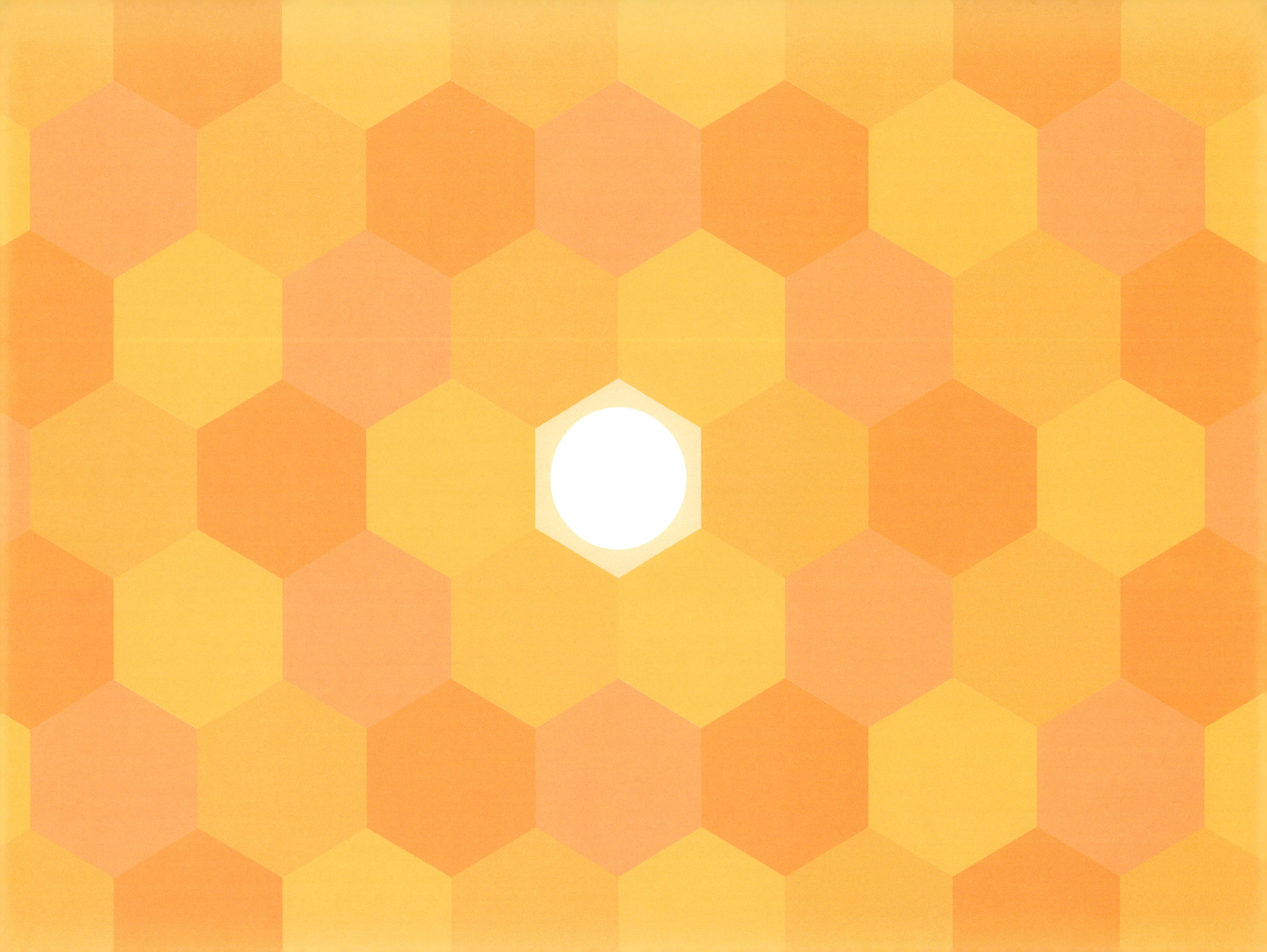

BERUFUNG

1. Samuel 3,1–10

Der junge Samuel versah den Dienst des HERRN unter der Aufsicht Elis. In jenen Tagen waren Worte des HERRN selten; Visionen waren nicht häufig. Eines Tages geschah es: Eli schlief auf seinem Platz; seine Augen waren schwach geworden und er konnte nicht mehr sehen. Die Lampe Gottes war noch nicht erloschen und Samuel schlief im Tempel des HERRN, wo die Lade Gottes stand. Da rief der HERR den Samuel und Samuel antwortete: Hier bin ich. Dann lief er zu Eli und sagte: Hier bin ich, du hast mich gerufen. Eli erwiderte: Ich habe dich nicht gerufen. Geh wieder schlafen! Da ging er und legte sich wieder schlafen. Der HERR rief noch einmal: Samuel! Samuel stand auf und ging zu Eli und sagte: Hier bin ich, du hast mich gerufen. Eli erwiderte: Ich habe dich nicht gerufen, mein Sohn. Geh wieder schlafen! Samuel kannte den HERRN noch nicht und das Wort des HERRN war ihm noch nicht offenbart worden. Da rief der HERR den Samuel wieder, zum dritten Mal. Er stand auf und ging zu Eli und sagte: Hier bin ich, du hast mich gerufen. Da merkte Eli, dass der HERR den Knaben gerufen hatte. Eli sagte zu Samuel: Geh, leg dich schlafen! Wenn er dich ruft, dann antworte: Rede, HERR; denn dein Diener hört. Samuel ging und legte sich an seinem Platz nieder. Da kam der HERR, trat heran und rief wie die vorigen Male: Samuel, Samuel! Und Samuel antwortete: Rede, denn dein Diener hört.

Vielleicht sehen Berufungen so aus wie dieses Bild: klare Konturen, sanfte Kontakte, weißes Licht, das von oben her einen Spot auf unseren Horizont wirft und dort einbricht, langsam durchsickert und – wie in einer Sanduhr – nach innen strömt, sich konzentriert, bis der Kairos da ist, golden und reif für eine Antwort. Hier bin ich!
Vielleicht sehen Berufungen so aus wie diese Erzählung: wortkarge Zeiten, düstere Aussichten, trostlose Tempel, in denen die Alten blind und die Jungen unwissend sind, man irgendwie seinen Dienst tut und ansonsten lieber die Decke über den Kopf zieht. Geh wieder schlafen! Es ist wie mit dem Sanduhr-Symbol auf dem Computer: Man wartet und wartet – und weiß nicht genau worauf und wie lange noch.
Vielleicht sehen Berufungen auch so aus wie diese Frage: Was leuchtet denn da? Man dreht und wendet das Blatt, bewegt es hin und her, fokussiert und entspannt den Blick. Gibt es da einen Lichtpunkt im oberen weißen Dreieck oder ist das eine Täuschung? Ist das die Lampe Gottes? Man kann es nicht mit Gewissheit sagen, aber es ist möglich, gut möglich.
Sind Berufungen etwas, das wir sehen und gerne (er-)zählen – oder eher das Unsichtbare dahinter?

Sr. Raphaela Brüggenthies

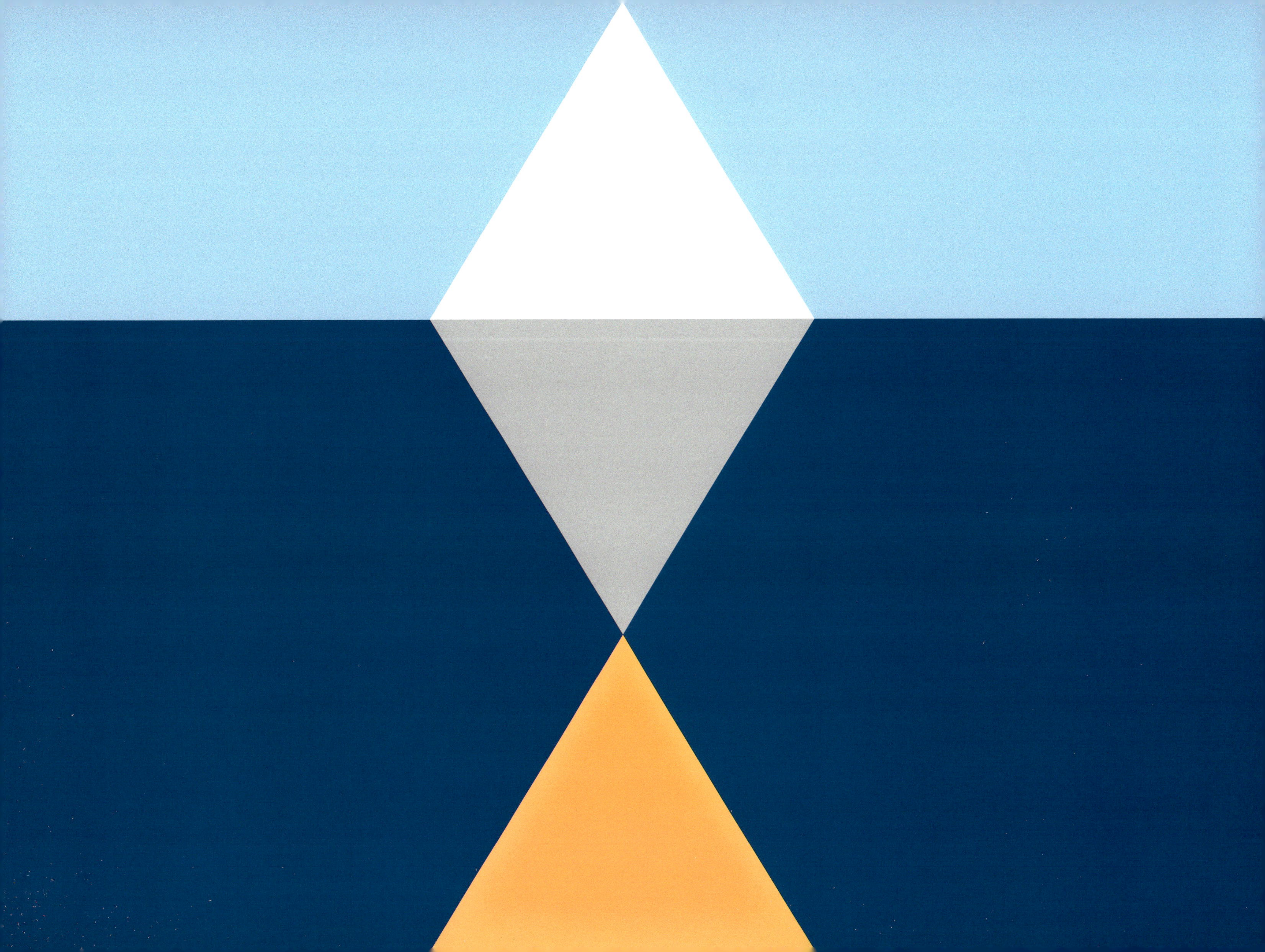

BESITZ

Sprichwörter/Sprüche 16,8

Besser wenig mit Gerechtigkeit als viel Besitz mit Unrecht.

Wann ist es genug?
Wie verteilen wir die Ressourcen unserer Welt gerecht?
Ist weniger mehr?
Was ist genug?

Wörter mit ge-… zum freien Assoziieren:

ge-recht ge-nügsam g-leich ge-sund ge-nug g-lobal
ge-sammelt ge-meinsam ge-teilt ge-nutzt ge-steuert
ge-wissen ge-nug ge-bot ge-flecht ge-winnen ge-brauchen
ge-nießen ge-witzt ge-ldverdienen ge-sellschaft ge-ben
ge-nug ge-bildet ge-ring ge-deckelt ge-nder ge-duld ge-erbt
ge-fährdet ge-fälle ge-fangen ge-genentwurf ge-wöhnung
ge-gner g-laube ge-haltvoll ge-hasst ge-nug ge-izen
ge-knechtet ge-deckt ge-lenkt ge-meinwohl ge-noss*in
ge-richt ge-ntrifizierung ge-nugtuung ge-füge ge-samtheit
ge-schäft ge-nug ge-schenk ge-wagt ge-segnet
ge-schwisterlich ge-sinnung ge-winnsucht ge-wohnheit
ge-zwungen ge-nug

Dietrich Sonnenberger

DANKBARKEIT

Lukas 17,11–19

Und es geschah auf dem Weg nach Jerusalem: Jesus zog durch das Grenzgebiet von Samarien und Galiläa. Als er in ein Dorf hineingehen wollte, kamen ihm zehn Aussätzige entgegen. Sie blieben in der Ferne stehen und riefen: Jesus, Meister, hab Erbarmen mit uns! Als er sie sah, sagte er zu ihnen: Geht, zeigt euch den Priestern! Und es geschah, während sie hingingen, wurden sie rein. Einer von ihnen aber kehrte um, als er sah, dass er geheilt war; und er lobte Gott mit lauter Stimme. Er warf sich vor den Füßen Jesu auf das Angesicht und dankte ihm. Dieser Mann war ein Samariter. Da sagte Jesus: Sind nicht zehn rein geworden? Wo sind die neun? Ist denn keiner umgekehrt, um Gott zu ehren, außer diesem Fremden? Und er sagte zu ihm: Steh auf und geh! Dein Glaube hat dich gerettet.

Hab letzte Woche so ein´ Film geseh´n über längst vergang´ne Zeit.
Hab´ mich gefragt: «Wie kann sowas geschehen?" und Gott sei Dank ist das vorbei.
Ist es nicht verrückt, dass wir vergessen, warum hat keiner nachgefragt.
Schuld ist kein Problem, denn die vergibst du, aber ich hab´ drüber nachgedacht.

Wir hab´n die Trümmer wieder aufgebaut und die Mauern sind gefall´n,
können ungehindert leben, sind geboren um zu teil´n.
Wie könnten wir jetzt uns´re Türen verschließen? Beide Augen zugedrückt,
als müssten wir uns vor den Schutzlosen schützen. Uns´re Wahrheit ist verrückt.

Wir sind so weit gekomm´n, haben so viel bewegt,
können dankbar und hoffnungsvoll weitergeh´n.
Wir sind so weit gekomm´n, haben so viel gelernt, können ehrlich sagen:
Danke für die schönen Zeiten, die guten Tage, die ruhigen Nächte, die uns begleiten,
all deine schönen Seiten: Freiheit und Frieden. Lasst uns das lieben, was ist.

Ich steh so oft in der Gefahr zu vergessen alles, was wir haben zu schützen.
Vor Unrecht nicht die Augen zu verschließen, ist meine Pflicht.

Danke für die schönen Zeiten, die guten Tage, die ruhigen Nächte, die uns begleiten,
all deine schönen Seiten: Freiheit und Frieden. Lasst uns das lieben, was ist.

Koenige & Priester »Danke Deutschland«

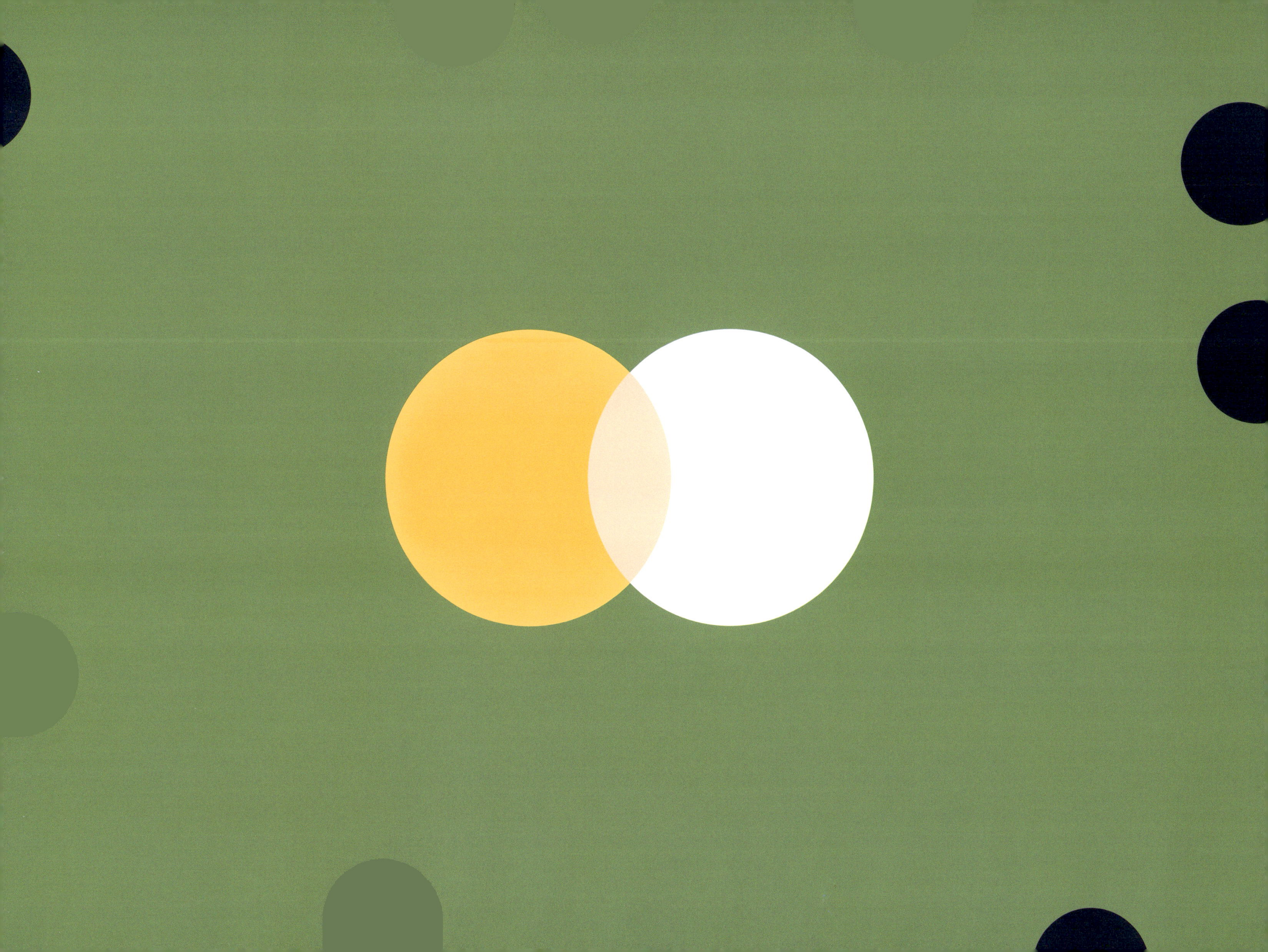

EINSICHT

Sprichwörter/Sprüche 25,12

Wie ein goldener Ring und Schmuck aus Feingold ist ein weiser Mahner für ein Ohr, das zuhört.

Weise
ganz da sein
beim Gegenüber
und dadurch bei sich selbst.

Hören
Zu-hören und Auf-hören
Worte und Atempausen vergolden.
schmücken, nicht ausschmücken.

Was sich ereignet, verbindet
wie ein Ring aus Gold.
Sprechende und Hörende verwandeln einander.
Verbundenheit macht frei.

Juliane Schlaud-Wolf

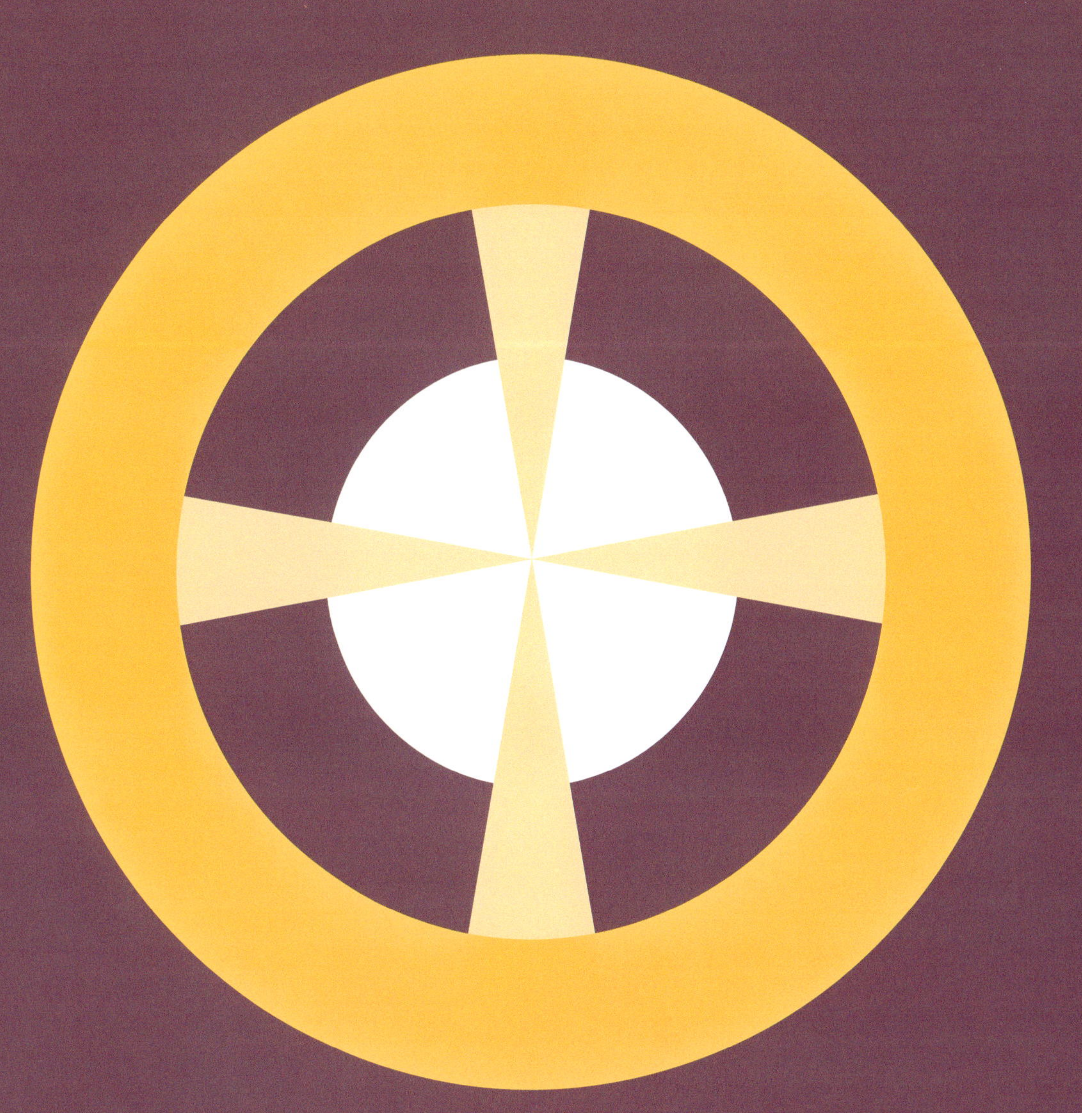

ENDE

Jesaja 24,3–13

Verheert wird die Erde, verheert, geplündert wird sie, geplündert, denn der HERR hat dieses Wort gesprochen. Die Erde welkt, sie verwelkt, die Welt verkümmert, sie verwelkt; es verkümmern die Hohen des Volkes im Lande. Die Erde ist entweiht durch ihre Bewohner; denn sie haben die Weisungen übertreten, das Gesetz verletzt, den ewigen Bund gebrochen. Darum hat ein Fluch die Erde gefressen, und die auf ihr wohnen, mussten es büßen. Die Bewohner der Erde nahmen ab, von Menschen bleibt nur ein geringer Rest. Der Most ist vertrocknet, der Weinstock verkümmert, es seufzen alle, die freudigen Herzens waren. Zu Ende ist der fröhliche Klang der Pauken, der Lärm der Ausgelassenen hat aufgehört, zu Ende ist der fröhliche Klang der Leier. Beim Gesang trinkt man keinen Wein mehr, bitter schmeckt das Bier denen, die es trinken. Zertrümmert ist die Stadt der Öde, verschlossen jedes Haus, kein Zugang möglich. Klagegeschrei um den Wein in den Gassen! Verschwunden ist jede Freude, vertrieben wurde der Jubel der Erde. Der Rest der Stadt ist Verwüstung; zu Trümmern geschlagen ist das Tor. Denn so wird es inmitten der Erde sein, mitten unter den Völkern, wie beim Abschlagen der Oliven, wie bei der Nachlese, wenn die Ernte vorbei ist.

Wie so vieles in unserem Leben ambivalent ist, so verhält es sich auch mit dem Ende. Es weckt nicht selten Gefühle der Wehmut und des Abbruchs, der Sehnsucht nach dem Mehr und Weiter, der Melancholie: ein schöner großer Sommer, der Herbst wird; ein gutes Zusammensein von Menschen, das sich auflösen muss; das Scheitern von Plänen und Vorhaben und Illusionen, denen wir nachhängen und nicht davon loskommen.

Oft ist das Ende ein Lichtblick, etwa wenn Krankheiten und Leiden, wenn Kriege und Blutvergießen, Kämpfe und Streit aufhören und uns zum dem Frieden aufhorchen lassen – ja, wenn wir selber ein seliges Ende finden und versöhnt von dieser Welt und von unseren Lieben gehen können. Der Apostel Paulus schreibt es den Korinthern und uns, was kein Ende kennt: Es ist die Liebe, die niemals aufhört.

Liebe gibt uns Lebenssinn und Freude. Sie hält Schmerz und Leid stand – selbst dem Ende. Die Liebe zu Gott und den Menschen versöhnt uns mit dem Ende, lässt uns zuversichtlich alles erwarten, was da kommt. Daher kann der alte Simeon am Ende seiner Tage singen, als er im Jesuskind die große Liebe Gottes erblickt im Tempel von Jerusalem. Ein versöhntes, hoffnungsvolles, seliges Ende.

Christian Böck

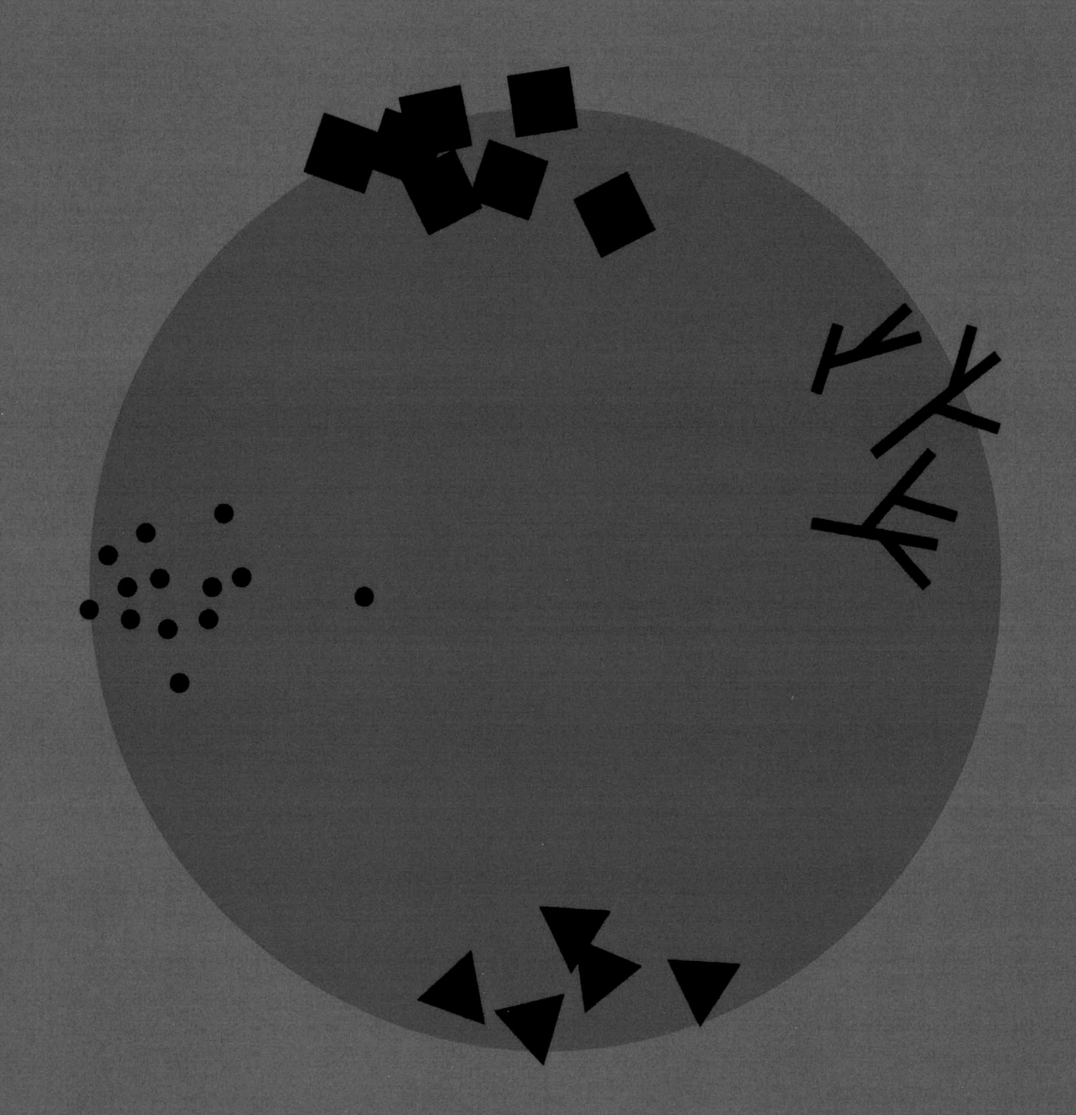

ERLÖSUNG

Lukas 4,18

Der Geist des Herrn ruht auf mir; denn er hat
mich gesalbt. Er hat mich gesandt, damit
ich den Armen eine frohe Botschaft bringe;
damit ich den Gefangenen die Entlassung
verkünde und den Blinden das Augenlicht;
damit ich die Zerschlagenen in Freiheit setze.

Ein dynamischer Strom der Gnade, eine Kaskade aus Licht und Wärme hat ihr Ziel gefunden. Wenn sie auftrifft, zieht sie Kreise. Finsteres wird durchbrochen. Licht mitten im Dunkel.

Für mich ist Gott dieses Licht. Er selbst stürzt sich mitten ins Leben unserer unvollkommenen Welt. Er geht den Weg der Ausgebeuteten, Verängstigten, Gescheiterten, unschuldig Verurteilten, der Opfer von Gewalt und Krieg.
Jesus trägt unsere Mitverantwortung für die globalen Missstände ans Kreuz. Was er über sich selbst sagt, gilt auch uns: Der Geist des Herrn ruht auf Dir und auf mir und will Kreise ziehen. »Wir sind Gesandte an Christi statt« (2. Korinther 5,20): Männer, Frauen und Kinder – auf allen Kontinenten!

Genau an dieser Schnittstelle zwischen Licht und Dunkel pulsiert mein Leben. Daraus darf ich Kraft und Stärke ziehen und mit Elan nach vorne schauen.

Bernd Steinfeld

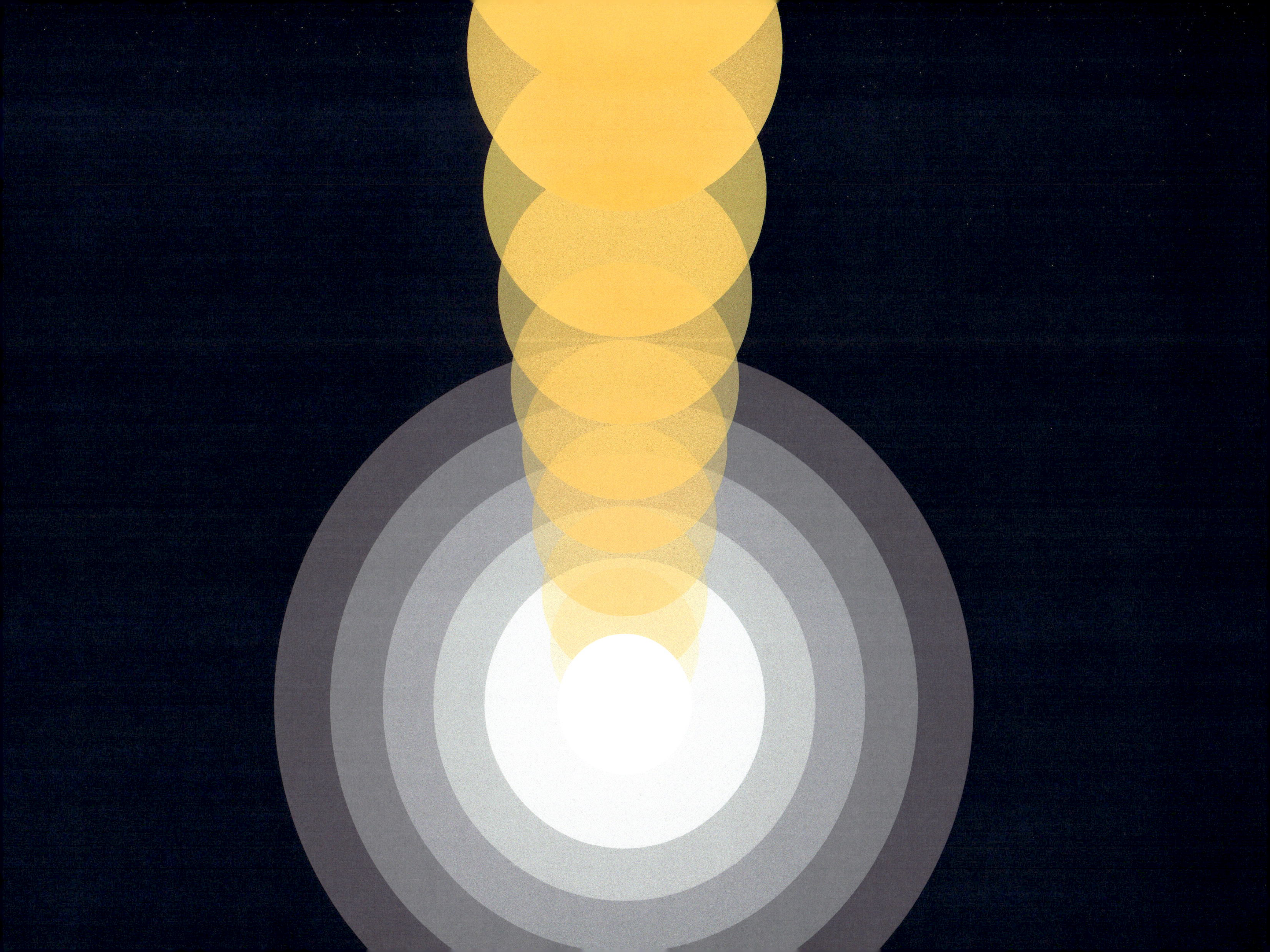

EWIGKEIT

Kohelet / Prediger 3,12–15

Ich hatte erkannt: Es gibt kein in allem Tun gründendes Glück, es sei denn, ein jeder freut sich und so verschafft er sich Glück, während er noch lebt, wobei zugleich immer, wenn ein Mensch isst und trinkt und durch seinen ganzen Besitz das Glück kennenlernt, das ein Geschenk Gottes ist. Jetzt erkannte ich: Alles, was Gott tut, geschieht in Ewigkeit. Man kann nichts hinzufügen und nichts abschneiden und Gott hat bewirkt, dass die Menschen ihn fürchten. Was auch immer geschehen ist, war schon vorher da, und was geschehen soll, ist schon geschehen und Gott wird das Verjagte wieder suchen.

die meisten suchen wir
nicht selber aus
die Wege
auf die man uns sandte
    wir gehen
    und der Weg wird unser
    und das Haus ist bewohnt
    und das Herz lernt zu lieben
aus vielen Sonnen
wird die eine, die uns wärmt
und die dann den Abend
an anderen Ufern verträumt
    die Zeit – unser Zwilling
    gewährt Lachen und Gold
    jeder Stern verspricht Hoffnung
    jede Nacht ein Zuhaus
an der Hand deiner Fragen
legst du dein Herz ins Gras
träumst vom Turm der Dinge und von Gott
demütig und ohne Gewähr
    in unsichtbarem Kleid

Catrina E. Schneider

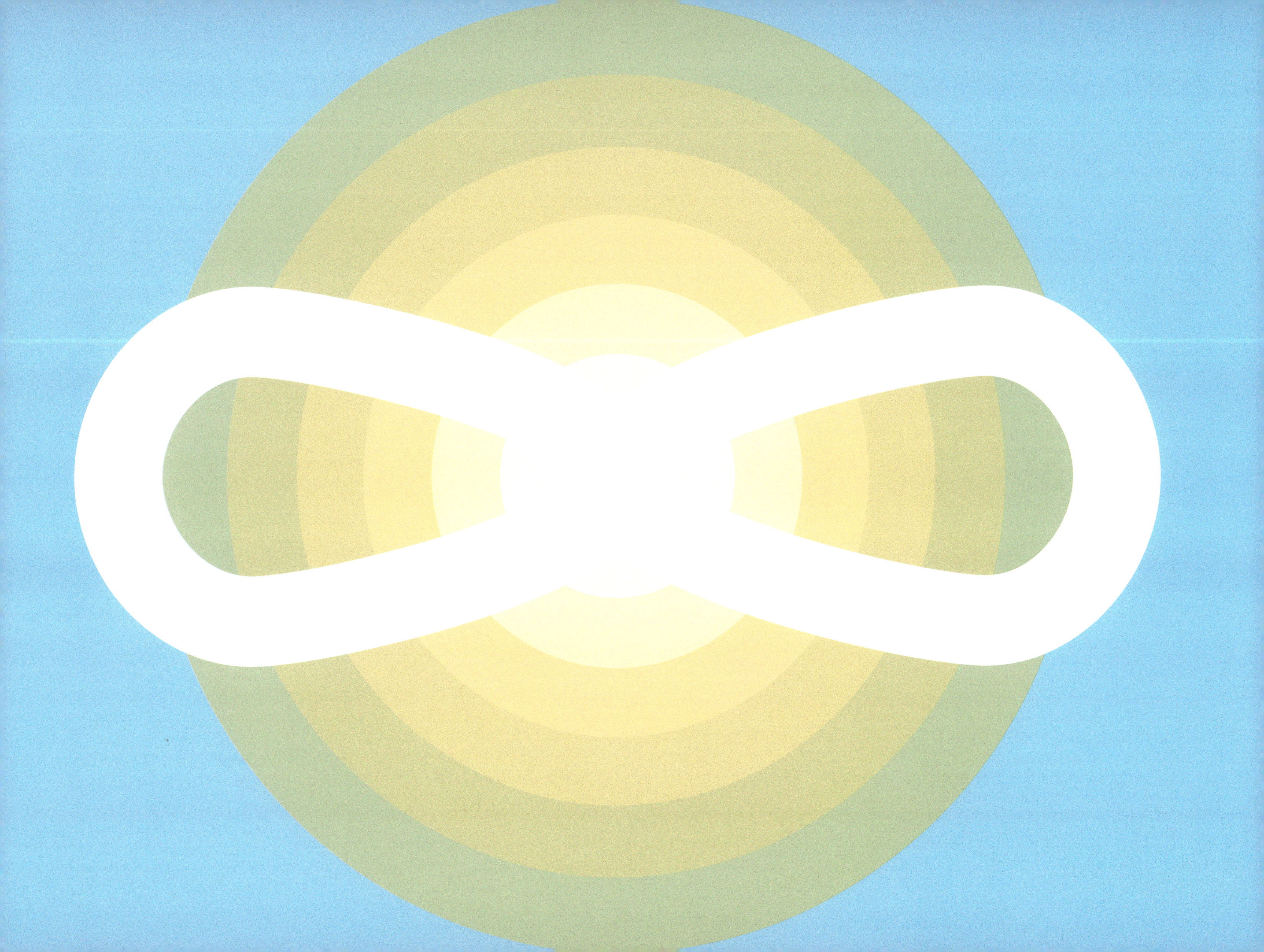

FLUCHT

1.Könige 19,3–15

Elija geriet in Angst, machte sich auf und ging weg, um sein Leben zu retten. Er kam nach Beerscheba in Juda und ließ dort seinen Diener zurück. Er selbst ging eine Tagereise weit in die Wüste hinein. Dort setzte er sich unter einen Ginsterstrauch und wünschte sich den Tod. Er sagte: Nun ist es genug, HERR. Nimm mein Leben; denn ich bin nicht besser als meine Väter. Dann legte er sich unter den Ginsterstrauch und schlief ein. Doch ein Engel rührte ihn an und sprach: Steh auf und iss! Als er um sich blickte, sah er neben seinem Kopf Brot, das in glühender Asche gebacken war, und einen Krug mit Wasser. Er aß und trank und legte sich wieder hin. Doch der Engel des HERRN kam zum zweiten Mal, rührte ihn an und sprach: Steh auf und iss! Sonst ist der Weg zu weit für dich. Da stand er auf, aß und trank und wanderte, durch diese Speise gestärkt, vierzig Tage und vierzig Nächte bis zum Gottesberg Horeb. Dort ging er in eine Höhle, um darin zu übernachten. Doch das Wort des HERRN erging an ihn: Was willst du hier, Elija? Er sagte: Mit leidenschaftlichem Eifer bin ich für den HERRN, den Gott der Heerscharen, eingetreten, weil die Israeliten deinen Bund verlassen, deine Altäre zerstört und deine Propheten mit dem Schwert getötet haben. Ich allein bin übrig geblieben und nun trachten sie auch mir nach dem Leben. Der HERR antwortete: Komm heraus und stell dich auf den Berg vor den HERRN! Da zog der HERR vorüber: Ein starker, heftiger Sturm, der die Berge zerriss und die Felsen zerbrach, ging dem HERRN voraus. Doch der HERR war nicht im Sturm. Nach dem Sturm kam ein Erdbeben. Doch der HERR war nicht im Erdbeben. Nach dem Beben kam ein Feuer. Doch der HERR war nicht im Feuer. Nach dem Feuer kam ein sanftes, leises Säuseln. Als Elija es hörte, hüllte er sein Gesicht in den Mantel, trat hinaus und stellte sich an den Eingang der Höhle. Da vernahm er eine Stimme, die ihm zurief: Was willst du hier, Elija? Er antwortete: Mit Leidenschaft bin ich für den HERRN, den Gott der Heerscharen, eingetreten, weil die Israeliten deinen Bund verlassen, deine Altäre zerstört und deine Propheten mit dem Schwert getötet haben. Ich allein bin übrig geblieben und nun trachten sie auch mir nach dem Leben. Der HERR antwortete ihm: Geh deinen Weg durch die Wüste zurück und begib dich nach Damaskus! Bist du dort angekommen, salbe Hasaël zum König über Aram!

WEGE – Immer weiter durch die Wüste, einem ungewissen Ziel entgegen. Laufen, immer weiter laufen. Schlangenlinien. Labyrinth. Kann das nicht leichter sein? Andere Wege. Leichtes Gepäck, ohne Sorgen, ohne Zweifel. Nicht nachdenken darüber, ob Gott mich hierher begleitet hat. Muss ich das alleine schaffen?

WÜSTE – Ganz viel Sand, Steine, Stille. Ich verlaufe mich. Hier sieht doch alles gleich aus. Ich bin ganz allein hier. Ich wünsche mir Menschen. Ich wünsche mir eine Oase. Ich weiß nicht, ob die Wasserstelle da hinten echt ist. Die Wüste verzerrt alles.

BROT – Auf einmal ist es da, wie aus dem Nichts. Es duftet, wie frisch gebacken. Ich kann es be-greifen. Etwas, das mir Kraft gibt. Ich beiße hinein. Nie hat etwas so gut geschmeckt. Ich kaue und schmecke. Merke, wie meine Erschöpfung nachlässt. Brot, das den Hunger stillt. Nahrung für die Ewigkeit.

AUFWACHEN – Noch in der Traumwelt gefangen. Wie furchtbar war das. Träume von Flucht und Angst. Ich rannte um mein Leben in meinem Traum. Lieber wieder einschlafen. Aufwachen, allmählich diesmal. Etwas ist anders. Ich habe keine Angst mehr. Ich spüre meine Kraft. Kann weiter gehen. Gott entgegen.

Sabine Sandmann

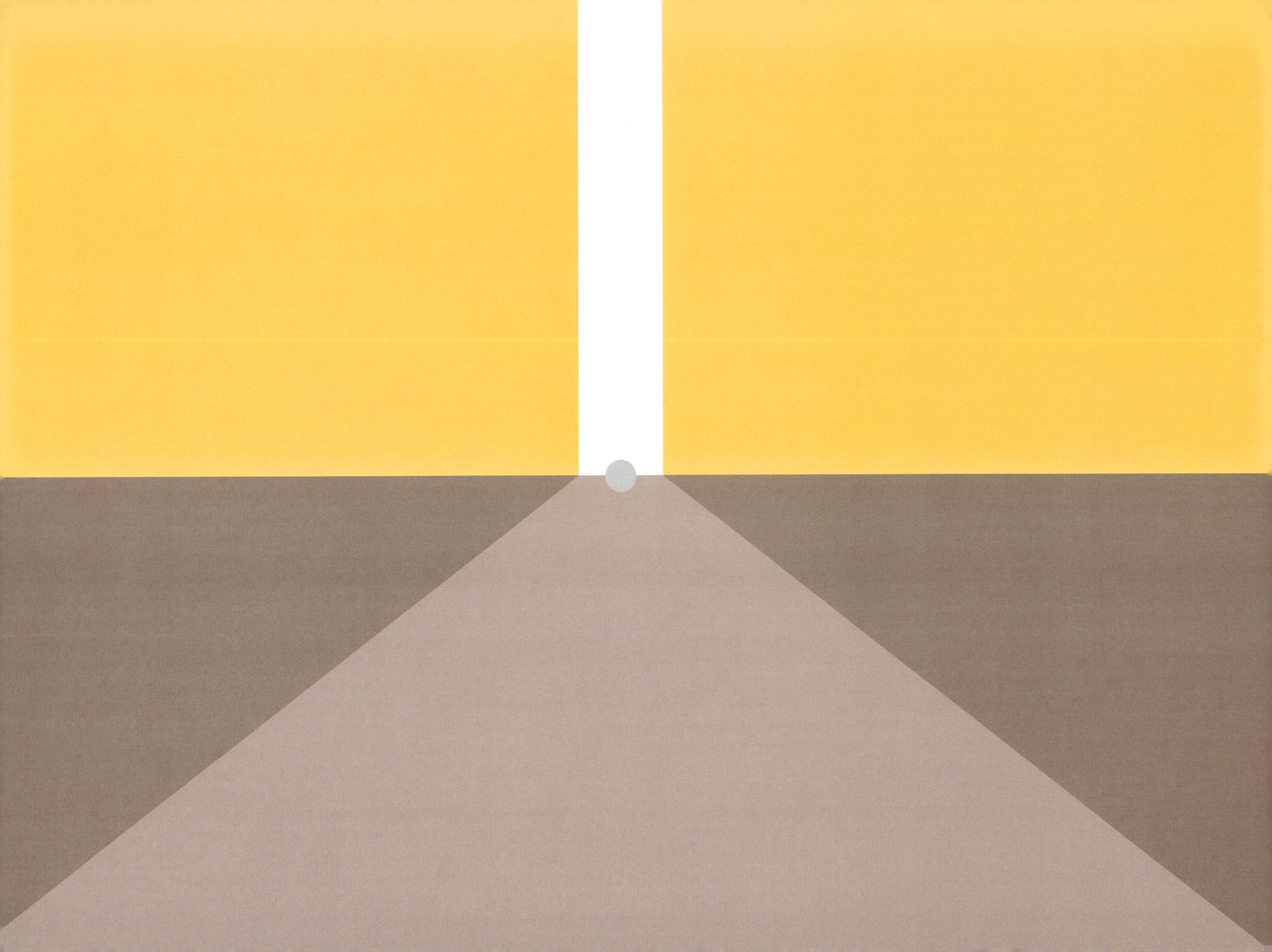

FREIHEIT

Jakobus 1,25

Wer sich aber in das vollkommene Gesetz der Freiheit vertieft und an ihm festhält, wer es nicht nur hört und es wieder vergisst, sondern zum Täter des Werkes geworden ist, wird selig sein in seinem Tun.

grundgelegt
  im Innersten meiner Existenz
  in jedem Teilchen DEINER Schöpfung

darauf angelegt
dich immer weiter zu entfalten
jede Schicht meines Daseins zu durchdringen
  mein Bewusstsein über mich selbst
  meine Vorstellungen über die anderen
  mein Denken, Planen, Reden
  mein Tun und mein Lassen

dazu bestimmt
  Würde und Wert zu bewirken
  Begrenzungen zu überwinden
  mich mit DIR und der Welt zu verbinden

manchmal gelingt dir der Durchbruch
in mein Gefühl der Unfreiheit

dann scheint etwas auf von dir
  in meinem Ärger über so vieles,
  was mich begrenzt
  in meiner Angst zu kurz zu kommen
  in dem Gefühl, den Ereignissen der Welt
  ohnmächtig ausgeliefert zu sein

dann ahne ich etwas
von deiner unbändigen Kraft,
mit der DU mich berufst
  mein Leben zu gestalten
  diese Welt neu zu formen

freier, als ich es mich traue

Samuel Stricker

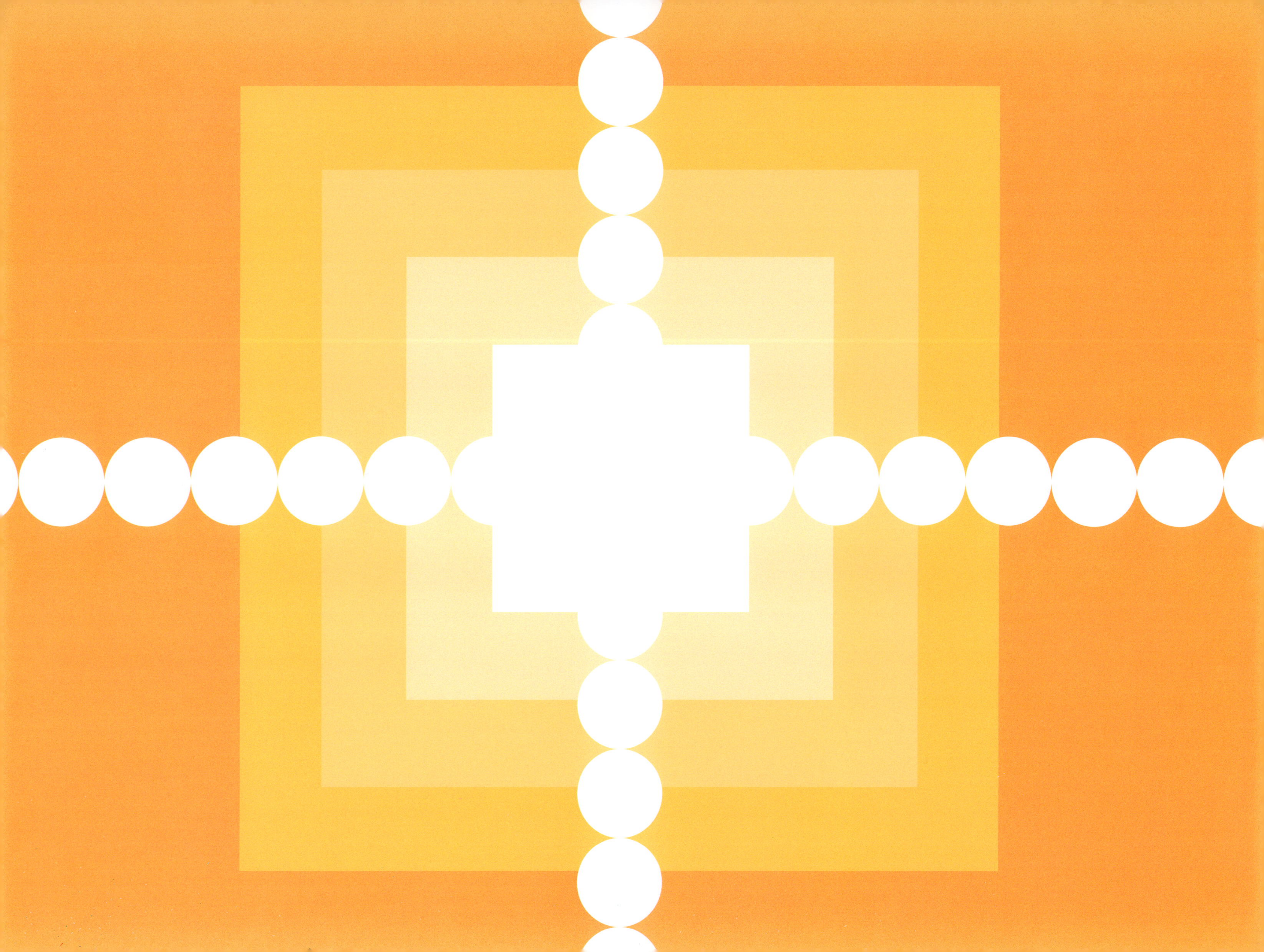

FREUNDSCHAFT

Kohelet / Prediger 4,12

Und wenn jemand einen Einzelnen auch überwältigt, zwei sind ihm gewachsen und eine dreifache Schnur reißt nicht so schnell.

Fragil und zart,
nur eine Faser, noch keine Schnur,
selbst lose versponnen noch abreißbar.

Verwoben hingegen
reißfest beständig.
Eine Zugkraft-teilende DNA:
Nachsichtig, gütig, ehrlich, lebendig.

Frei, selbst zu sein und zu bleiben,
Resonanzen schwingend,
zerreiß-erprobt zusammengehalten.

Bruchlast ausgleichend,
vorwurfsfrei,
ohne messend aufzurechnen.
vertrauenswürdig – selig vertrauen.

Sich selbst ins Ineinander geben,
und nicht zum Schein.
Nur so will und kann ich – als Freund – vollkommen sein.

Friederike Lanz

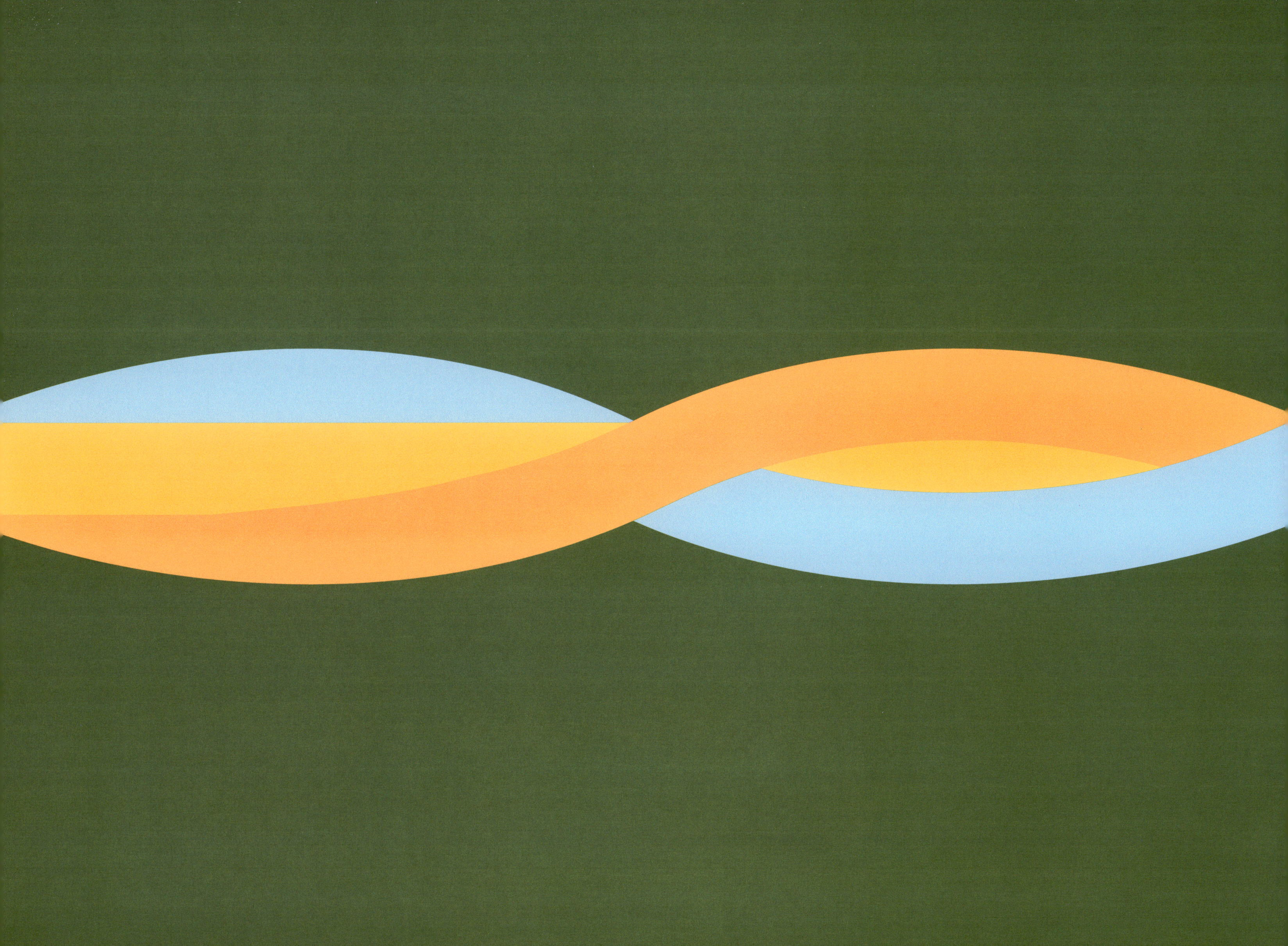

FRIEDEN

Jesaja 55,12

In Freude werdet ihr ausziehen und in Frieden heimgebracht werden. Berge und Hügel brechen vor euch in Jubel aus und alle Bäume auf dem Feld klatschen in die Hände.

Friede, Freude, Jubel. Ein Rosenmontagszug im rheinischen Karneval lässt erahnen, worum es geht. Alles steht Kopf. Doch der Prophet Jesaja treibt die Ausgelassenheit auf die Spitze, indem er auch die Berge und Bäume in den allumfassenden Jubel einbezieht. Die ganze Schöpfung jubelt frenetisch und tobt. Die Freude steckt an und entwaffnet. Die Stimmung, die hier gefeiert wird, ist ein Sturm der Begeisterung, eine Art »Gegengewalt«, die keine Waffen braucht, um stark und selbstbewusst zu sein. Es ist eine Kraft, die von innen kommt, in der sich eine begeisterte Haltung und die Sehnsucht nach einer erlösten friedlichen Welt ausdrückt und Bahn bricht.

Angesichts der Schreckensbilder aus der Ukraine und dem Heiligen Land erscheinen die Bilder, die hier beschworen werden, wie eine Fata Morgana. Trugbilder von Träumern. Blut, Schweiß und Tränen. Das scheint die bittere Realität unserer Welt zu sein. Die Nationen rüsten wieder zum Krieg. Zunächst eskalieren die Begriffe. Es ist viel von Kriegsbereitschaft die Rede, als könne man es nicht erwarten, in den Krieg zu ziehen. Aber Frieden muss gesucht werden. Deshalb braucht die Welt wieder mehr Friedenssucher, die das scheinbar Unmögliche zu denken und zu hoffen wagen. Gegen alle Hoffnung zu hoffen, dass Frieden immer möglich ist. Das ist der Mut der Stunde – um der Menschen und der Schöpfung willen.

Martin W. Ramb

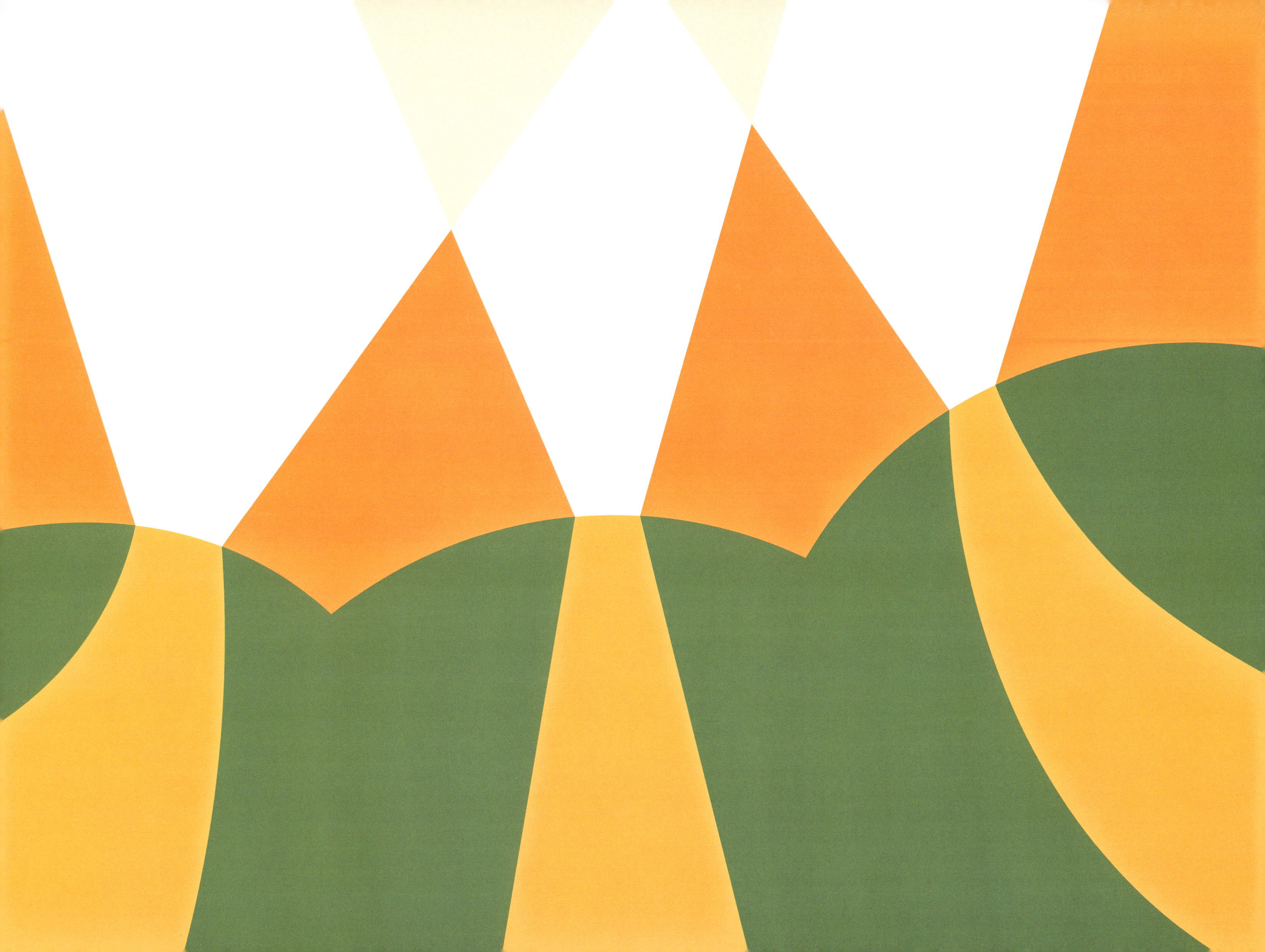

GEMEINSCHAFT

Matthäus 18,18–20

Amen, ich sage euch: Alles, was ihr auf Erden binden werdet, das wird auch im Himmel gebunden sein, und alles, was ihr auf Erden lösen werdet, das wird auch im Himmel gelöst sein. Weiter sage ich euch: Was auch immer zwei von euch auf Erden einmütig erbitten, werden sie von meinem himmlischen Vater erhalten. Denn wo zwei oder drei in meinem Namen versammelt sind, da bin ich mitten unter ihnen.

»Wo zwei oder drei in meinem Namen versammelt sind,
da bin ich mitten unter ihnen.«
Bei diesen Worten beginne ich ganz von selbst zu singen, fühle mich zurückversetzt in meine Kindheit, sehe mich Hand in Hand mit meinen Freunden um den Altar versammelt, während unser Kaplan mit der Gitarre den kleinen Kinderchor und die Gemeinde begleitet.
Kann es Schöneres geben als das Glücksgefühl von Gemeinschaft und Versammelt-sein? Der Mensch ist nicht dazu bestimmt, allein zu sein. Wir leben von- und miteinander, sind immer wieder auf unseren Nächsten angewiesen, sorgen füreinander, tragen miteinander Verantwortung und (be)schenken uns. Eine Gemeinschaft in Liebe, die mehr ist als ein bloßes Gefühl. Echte Liebe muss wachsen, reifen und will nahe sein. Oft braucht es nicht viel dazu: ein freundlicher Gruß, ein aufmunterndes Lächeln, schweigendes Zuhören, tröstendes Anlehnen, fürsorgliches Mittragen oder unerwartetes Anpacken. In der menschlichen Hingabe für den Nächsten erfahren wir, was wahre Gemeinschaft bedeutet und Gutes bereits im Kleinen beginnt: »Wo zwei oder drei in meinem Namen versammelt sind …«

Andreas Thelen-Eiselen

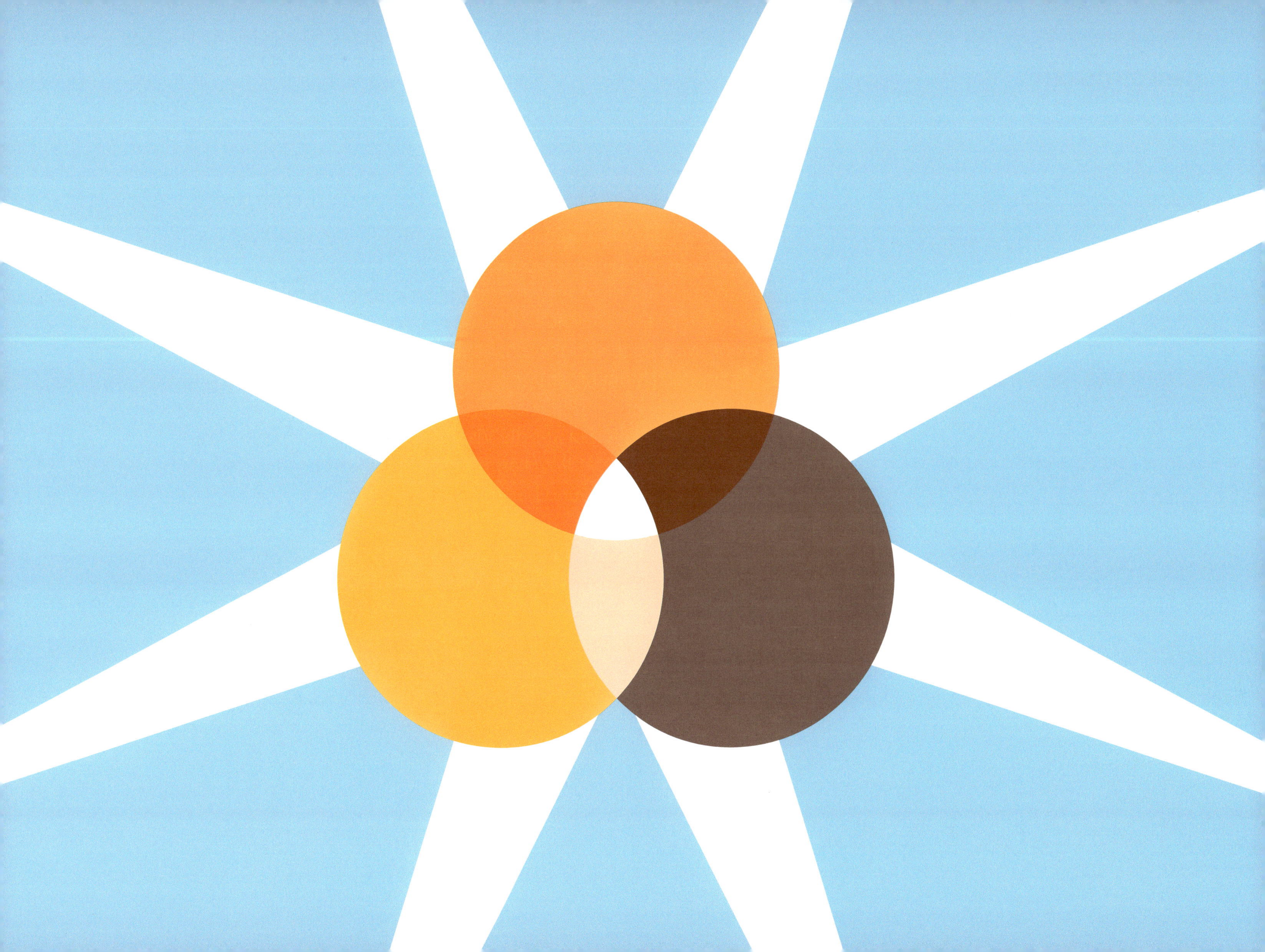

GERECHTIGKEIT

Psalm 85,11–14

Es begegnen einander Huld und Treue; Gerechtigkeit und Friede küssen sich. Treue sprosst aus der Erde hervor; Gerechtigkeit blickt vom Himmel hernieder. Ja, der HERR gibt Gutes und unser Land gibt seinen Ertrag. Gerechtigkeit geht vor ihm her und bahnt den Weg seiner Schritte.

Liebe Gerechtigkeit!
Bitte blick nicht nur vom Himmel herunter, komm herunter,
mische dich unter uns, mische uns auf.
Bitte öffne uns die Augen für die vielen Ungerechtigkeiten ringsum.
Bitte gib uns einen Schubs, wenn wir abzustumpfen drohen,
wenn wir Ungerechtigkeiten nicht mehr wahrnehmen wollen
und einfach hinnehmen.
Bitte küss nicht nur den Frieden, sondern küsse uns.
Deine Küsse halten in uns die Vision einer gerechteren Welt wach
und stärken uns, dafür zu kämpfen. Mit den Kräften, die wir haben.
Friedlich, beharrlich und hartnäckig.
Solidarisch mit denen, die unter Ungerechtigkeiten leiden.
Bitte mach uns unempfänglich für Parolen wie
»Es hat ja doch keinen Zweck! Alles aussichtslos!«
und lass uns hin und wieder erleben,
dass hier und da und dort der HERR wirklich ankommt.
Ohne das schaffen wir es nicht!

Stefan Diefenbach

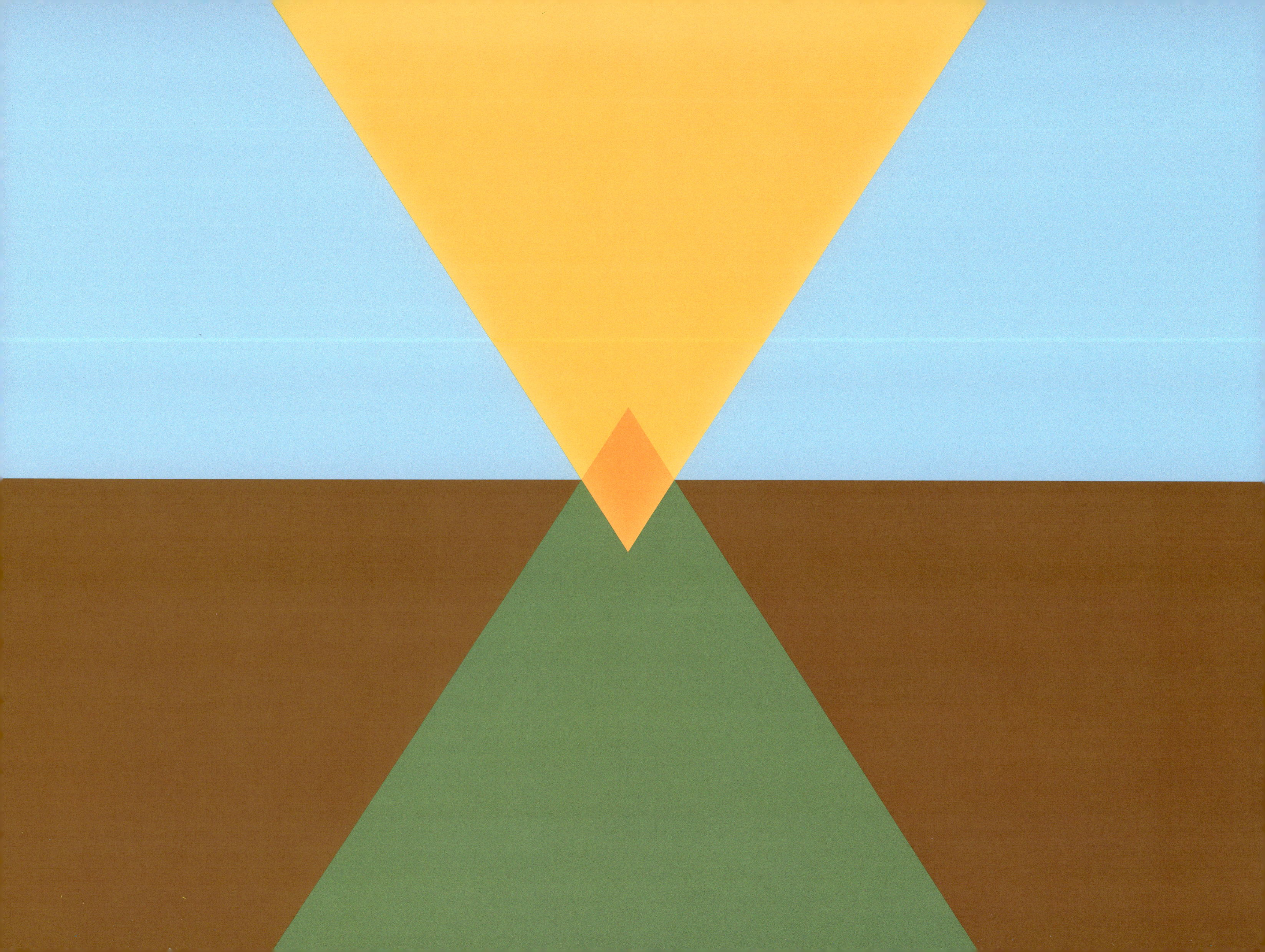

GLAUBE

Psalm 139,1–14

Für den Chormeister. Von David. Ein Psalm. HERR, du hast mich erforscht und kennst mich. Ob ich sitze oder stehe, du kennst es. Du durchschaust meine Gedanken von fern. Ob ich gehe oder ruhe, du hast es gemessen. Du bist vertraut mit all meinen Wegen. Ja, noch nicht ist das Wort auf meiner Zunge, siehe, HERR, da hast du es schon völlig erkannt. Von hinten und von vorn hast du mich umschlossen, hast auf mich deine Hand gelegt. Zu wunderbar ist für mich dieses Wissen, zu hoch, ich kann es nicht begreifen. Wohin kann ich gehen vor deinem Geist, wohin vor deinem Angesicht fliehen? Wenn ich hinaufstiege zum Himmel – dort bist du; wenn ich mich lagerte in der Unterwelt – siehe, da bist du. Nähme ich die Flügel des Morgenrots, ließe ich mich nieder am Ende des Meeres, auch dort würde deine Hand mich leiten und deine Rechte mich ergreifen. Würde ich sagen: Finsternis soll mich verschlingen und das Licht um mich soll Nacht sein! Auch die Finsternis ist nicht finster vor dir, die Nacht leuchtet wie der Tag, wie das Licht wird die Finsternis. Du selbst hast mein Innerstes geschaffen, hast mich gewoben im Schoß meiner Mutter. Ich danke dir, dass ich so staunenswert und wunderbar gestaltet bin. Ich weiß es genau: Wunderbar sind deine Werke.

Gott ist da. Er begleitet mich den ganzen Tag.
Er umhüllt mich mit seiner Stärke und gibt mir Kraft.
Er hört zu und versteht mich, weil er mich kennt.
Das ist es, was ich glaube:
dass er in meinem Leben anwesend ist.
Er ist da wie die Luft zum Atmen.

Manchmal kann ich seine Anwesenheit spüren, es fühlt sich an, als ob sich plötzlich mehr Energie im Raum befindet. Ohne Gott hätte ich die schweren Zeiten in meinem Leben nicht überstanden – Krankheit, Enttäuschung, Verrat.

Ohne Gott hätte es auch die guten Dinge in meinem Leben nicht gegeben! Schöne Begegnungen, gute Gespräche und glückliche Wendungen, über die manche sagen: Welch ein Zufall! Und andere meinen: Alles Fügung!

Andrea Kolhoff

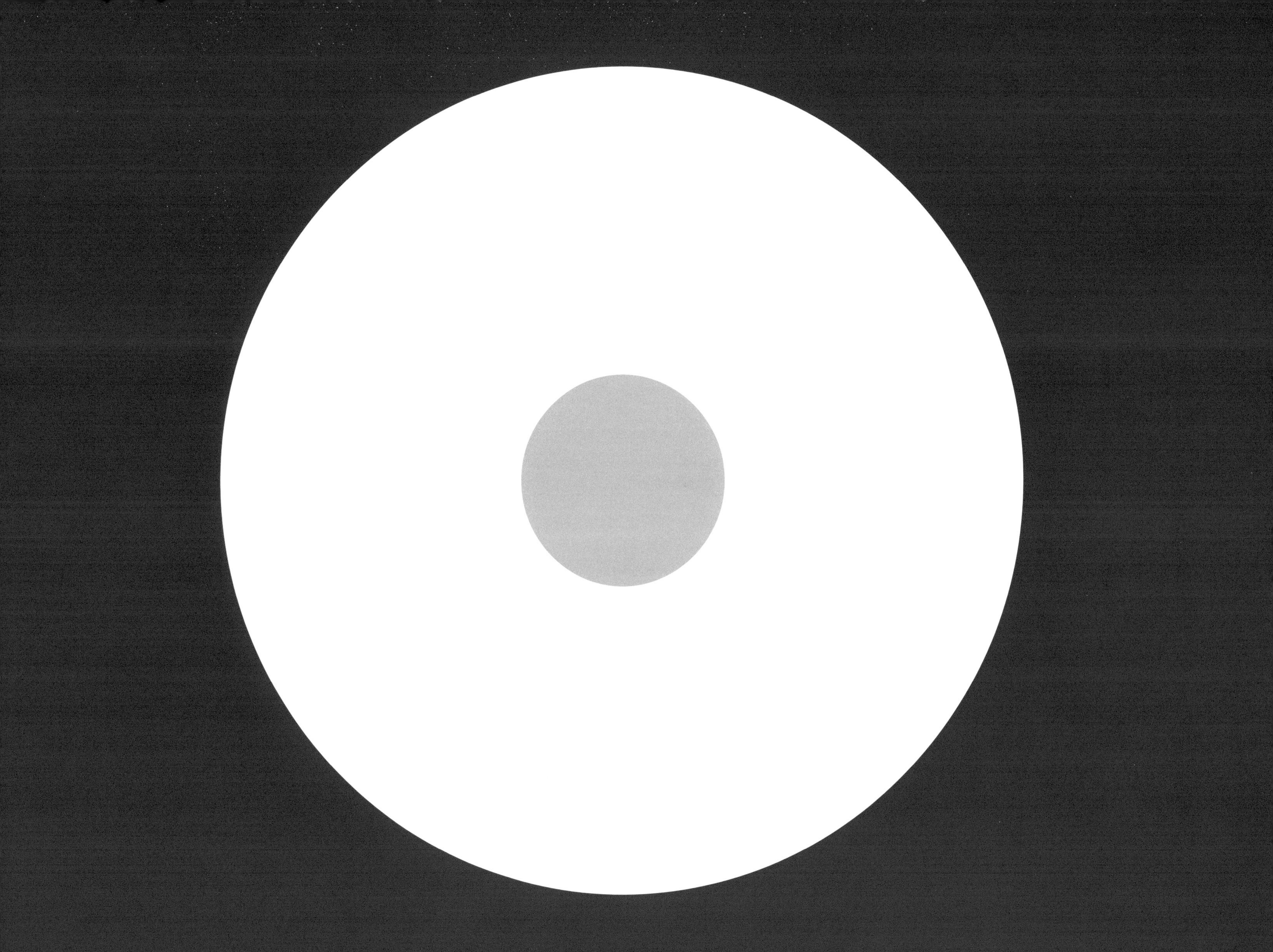

GLÜCK

Sprichwörter/Sprüche 3,13–18

Selig der Mensch, der Weisheit gefunden, der Mensch, der Einsicht gewonnen hat. Denn sie zu erwerben ist besser als Silber, sie zu gewinnen ist besser als Gold. Sie übertrifft die Perlen an Wert, keine deiner Kostbarkeiten kommt ihr gleich. Langes Leben birgt sie in ihrer Rechten, in ihrer Linken Reichtum und Ehre; ihre Wege sind schöne Wege, all ihre Pfade führen zum Glück. Ein Lebensbaum ist sie denen, die nach ihr greifen, wer sie festhält, ist glücklich zu preisen.

Weisheit
mittendrin
leuchtend hell
eine runde Sache

mehr wert als alles
verheißt auf schönen Wegen Glück

Mittelpunkt und Kreuzung
Ausgangspunkt oder Ziel

ermöglicht Wege
nach innen und außen
sprunghaft und abwegig
gerade und schwungvoll

grüne Basis Hoffnung
goldene Mitte Weisheit
darin kann etwas wurzeln
hinaus ins Leben
daraus kann etwas wachsen – ganz geerdet
hinein ins Glück

Gisela Püttker

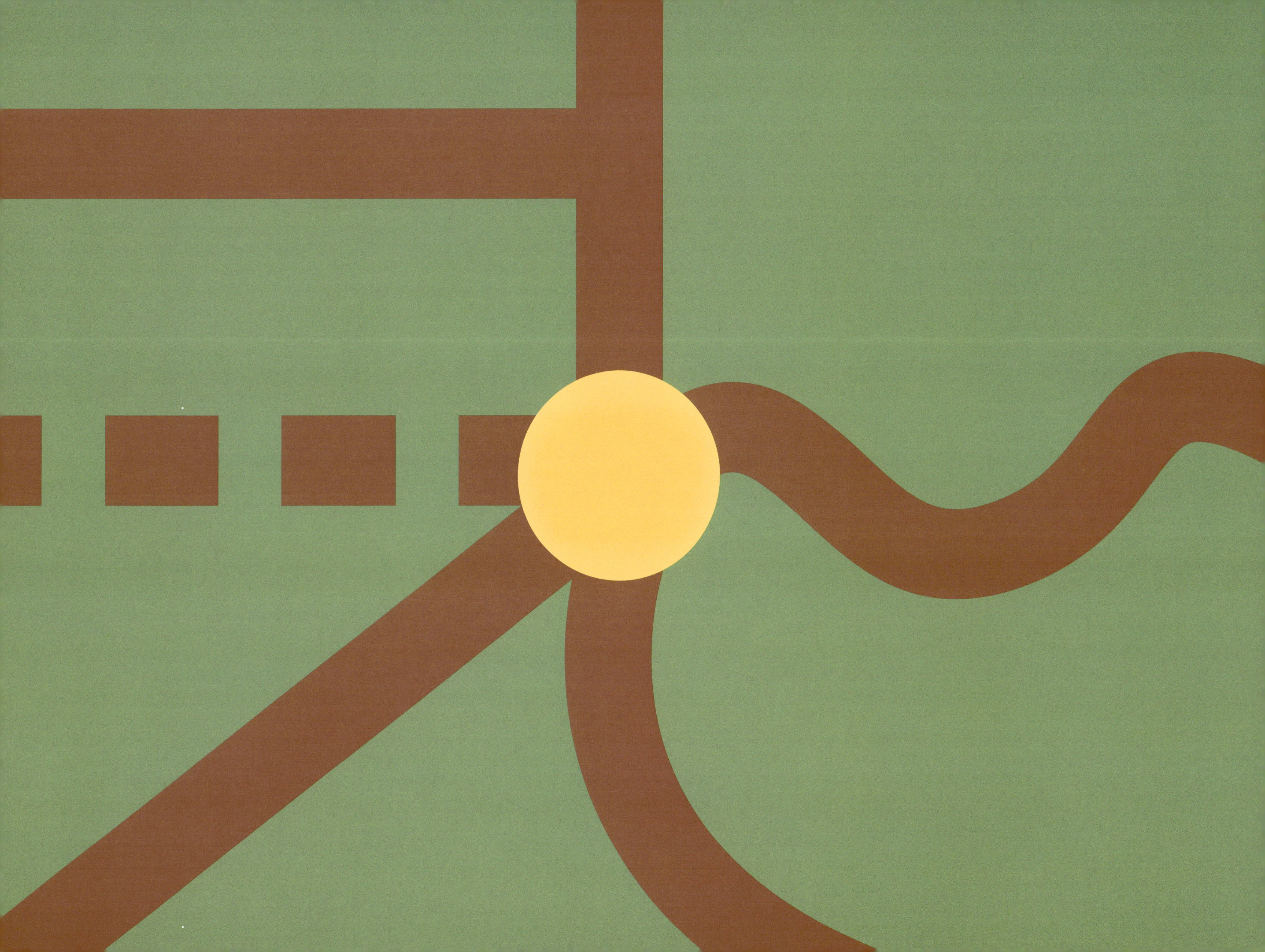

HILFE

Matthäus 6,2–4

Wenn du Almosen gibst, posaune es nicht vor dir her, wie es die Heuchler in den Synagogen und auf den Gassen tun, um von den Leuten gelobt zu werden! Amen, ich sage euch: Sie haben ihren Lohn bereits erhalten. Wenn du Almosen gibst, soll deine linke Hand nicht wissen, was deine rechte tut, damit dein Almosen im Verborgenen bleibt; und dein Vater, der auch das Verborgene sieht, wird es dir vergelten.

Tut Gutes
Aber redet
Nicht ständig darüber
Helft Armen und Ausgestoßenen
Aber lasst euch doch nicht
Dafür feiern
Haltet das Recht hoch
Und eure Rechthaberei klein
Schreit nicht nur nach Frieden
Arbeitet im Stillen daran
Betet in eurem Herzen
Nicht vor den Augen
Aller anderen
Heftet euch Demut
Statt Orden
Ans Revers
Tragt eure Würde
Nicht vor euch her
Sondern würdigt
Mann und Frau
Ein für alle mal
Und immer

Frank Greubel

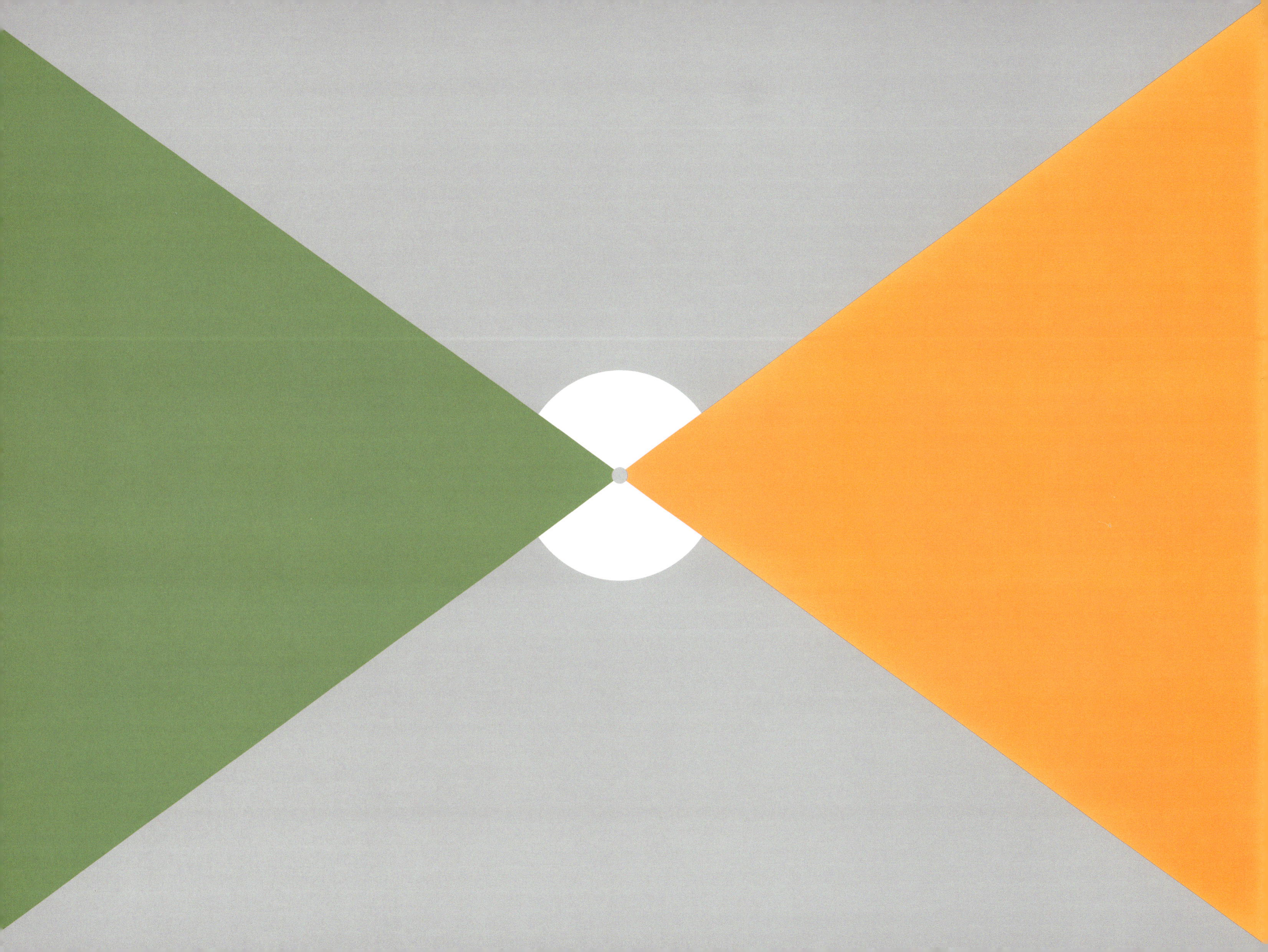

HOFFNUNG

Matthäus 28,1–6

Nach dem Sabbat, beim Anbruch des ersten Tages der Woche, kamen Maria aus Magdala und die andere Maria, um nach dem Grab zu sehen. Und siehe, es geschah ein gewaltiges Erdbeben; denn ein Engel des Herrn kam vom Himmel herab, trat an das Grab, wälzte den Stein weg und setzte sich darauf. Sein Aussehen war wie ein Blitz und sein Gewand weiß wie Schnee. Aus Furcht vor ihm erbebten die Wächter und waren wie tot. Der Engel aber sagte zu den Frauen: Fürchtet euch nicht! Ich weiß, ihr sucht Jesus, den Gekreuzigten. Er ist nicht hier; denn er ist auferstanden, wie er gesagt hat. Kommt her und seht euch den Ort an, wo er lag!

Hoffnung ist nichts für Optimisten. Nichts hat sie gemein mit der positiven Erwartung, dass schon alles gut ausgehen wird. Hoffnung entspringt keiner Wachstumsprognose und keiner Wettervorhersage. Sie ist überhaupt keine Angelegenheit für Zukunftsschauer, sie lehrt die Gegenwart neu sehen: »Kommt her und seht Euch den Ort an, wo er gelegen hat.«
Hoffen kann man nicht können, Hoffen kann man nicht wollen, Hoffnung kommt von woanders her. Hoffnung ist eine Öffnung des Herzens, ein gehobener Blick. Sie kann einen plötzlich treffen wie der Blitz oder sich langsam ausbreiten in den Schatten meiner Verzweiflung wie das durchdringende Licht am Morgen.
Hoffnung beginnt deshalb dort, wo alle Wünsche enden.
In meinen Wünschen geschieht nichts Neues, sondern erfüllt sich das Erwartete. Hoffnung jedoch ist das Erdbeben, die Kontinentalverschiebung in den fest gefügten Platten meiner immer gleichen Begehrlichkeiten und Ängste. Deshalb kann nur hoffen, wer die Wünsche loslässt. Wer hofft hat, wie das schöne Wort von Meister Eckhart sagt, ein »lediges Gemüt«. Das ledige Gemüt entäußert sich aller Erwartungen, ist »völlig in den liebsten Willen Gottes versunken und hat sich des Seinigen entäußert«.

Tobias Specker SJ

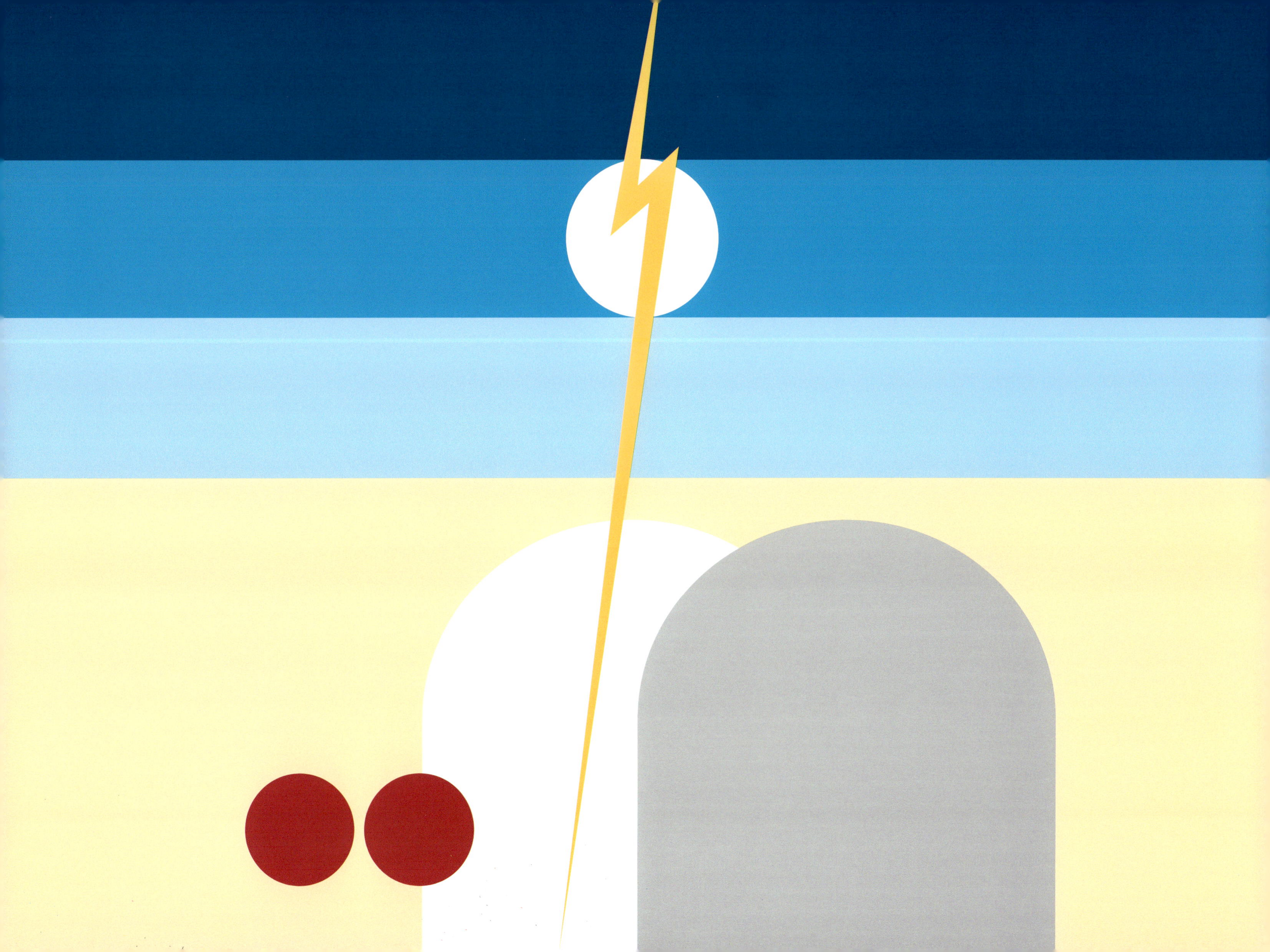

KRIEG

Numeri / 4. Mose 10,1–9

Der HERR sprach zu Mose: Mach dir zwei silberne Trompeten! Aus getriebenem Metall sollst du sie machen. Sie sollen dir dazu dienen, die Gemeinde einzuberufen und den einzelnen Lagern das Zeichen zum Aufbruch zu geben. Wenn man mit beiden Trompeten bläst, soll sich die ganze Gemeinde am Eingang des Offenbarungszeltes bei dir versammeln. Wenn man nur mit einer bläst, sollen sich die Anführer, die Hauptleute der Tausendschaften Israels, bei dir versammeln. Wenn ihr sie mit lautem Schall blast, dann sollen die Lager auf der Ostseite aufbrechen. Wenn ihr sie zum zweiten Mal mit lautem Schall blast, dann sollen die Lager auf der Südseite aufbrechen. Je nachdem, wie sie aufzubrechen haben, soll man mit lautem Schall blasen. Wenn die Versammlung einberufen werden soll, dann blast, aber nicht das Signal mit lautestem Schall! Die Söhne Aarons, die Priester, sollen die Trompeten blasen. Das soll als ewige Satzung bei euch gelten, von Generation zu Generation. Wenn ihr in eurem Land in einen Krieg zieht gegen einen Angreifer, der euch bedrängt, dann blast mit den Trompeten das Signal mit lautestem Schall! So werdet ihr euch vor dem HERRN, eurem Gott, in Erinnerung bringen und vor euren Feinden gerettet werden.

Vor dem Krieg
Die Kindheit der Großeltern noch unberührt
Sprache verändert sich
Inhaltlich neu aufgeladen, wenn der Lauf der Zeit sie neu füllt.

Wie hörst du Krieg jetzt? Was hörst du da?
Wie nah? Wie intensiv?
Macht er dich redend, klagend, appellierend, verhandelnd?
Oder aber sprachlos? Oder etwas dazwischen?
Ein Meer an Fragen.

Einfache Antworten? Eindeutigkeit?
Simple Ursache-Wirkungs-Zusammenhänge?
Die Komplexität der Realität macht uns einen Strich
durch die Rechnung und lässt uns zurück: fragend.

Wann beginnt Versöhnung? Kommt Frieden vor Versöhnung?
Mit einem Schweigen der Waffen ist noch lange nicht das
Schweigen der Menschen gebrochen.
Bricht der Frieden das unausgesprochene Sich-Anschreien?
Wir brauchen ein Miteinander-Reden, Einander-Zuhören,
Verstehen-Wollen, Kompromisse-Eingehen.

Anna Reinhardt

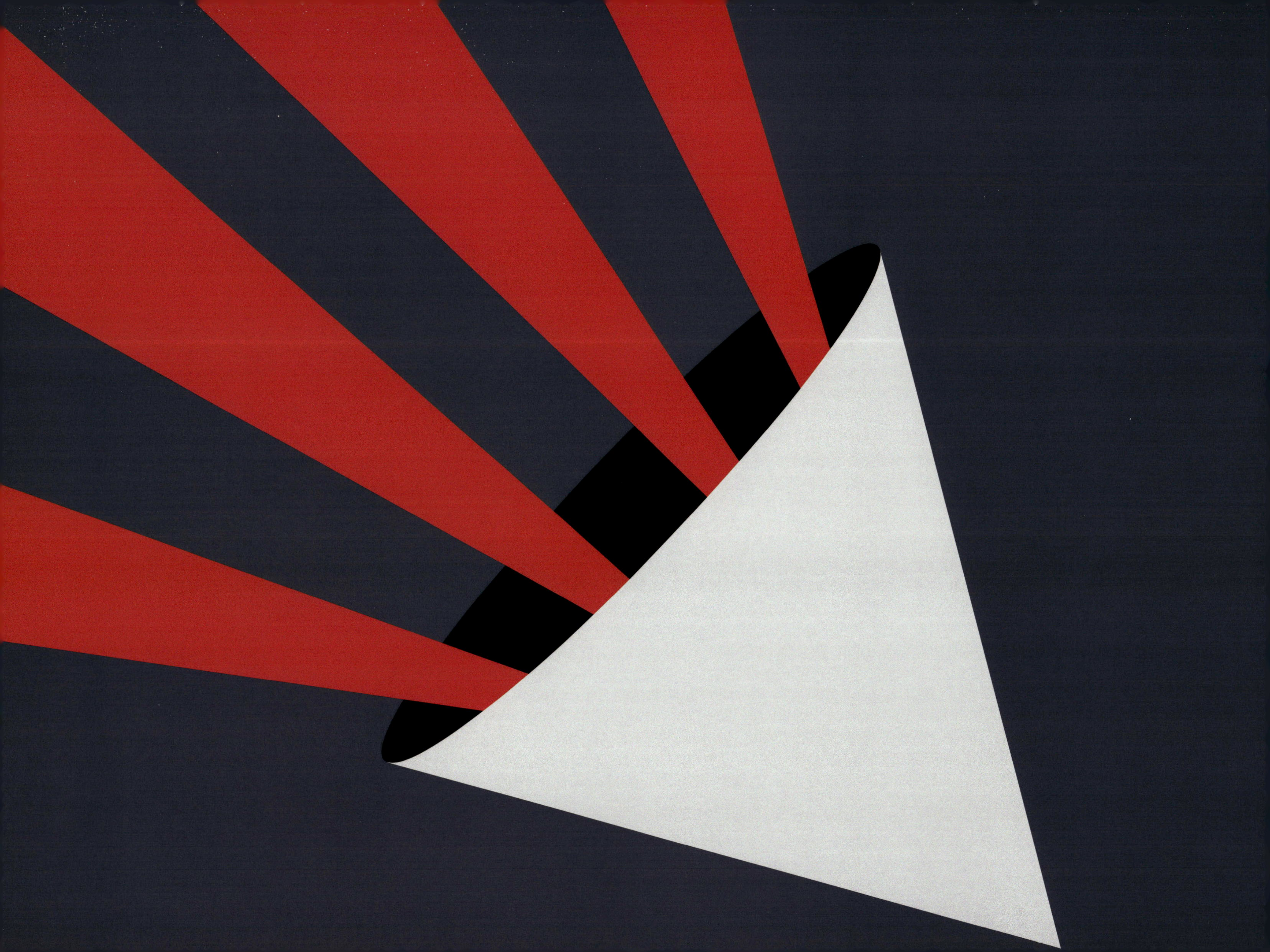

LEBEN

Johannes 6,35

Jesus antwortete ihnen: Ich bin das Brot des Lebens; wer zu mir kommt, wird nie mehr hungern, und wer an mich glaubt, wird nie mehr Durst haben..

Existieren oder leben, wo ist da die Grenze?
Kommt es darauf an, ob du verreist oder doch nur faulenzt?
Leben ist, wenn du einen Grund oder Sinn findest,
der dich mit dir selbst oder deinen Mitmenschen verbindet.
So eine Art Lichtlein, das dir deine Dunkelheit erhellt,
sodass du merkst, das einzig Wichtige ist das, was dir gefällt.
Nur du lebst dein eigenes Leben, kannst und sollst alle Gefühle empfinden,
all die Freude, Trauer und Zuneigung – du sollst dich mit ihnen verbinden.
Es gibt nun mal kein Schema X fürs Leben,
du musst dein eigener Kompass sein, ihn lieben und pflegen.
Du bist der Maler, hast die leere Leinwand vor dir,
du wählst die Farben, nur du belebst dieses weiße Papier.
Denn das Leben ist Kunst, die es zu genießen gilt,
unabhängig davon, wie du es gestaltest, egal was deinen Lebenshunger stillt.
Du suchst dir deine persönliche Energiequelle aus
und sei dir sicher, Gott empfängt dich, schau dort, geradeaus!

Sarah Sophie Weyer

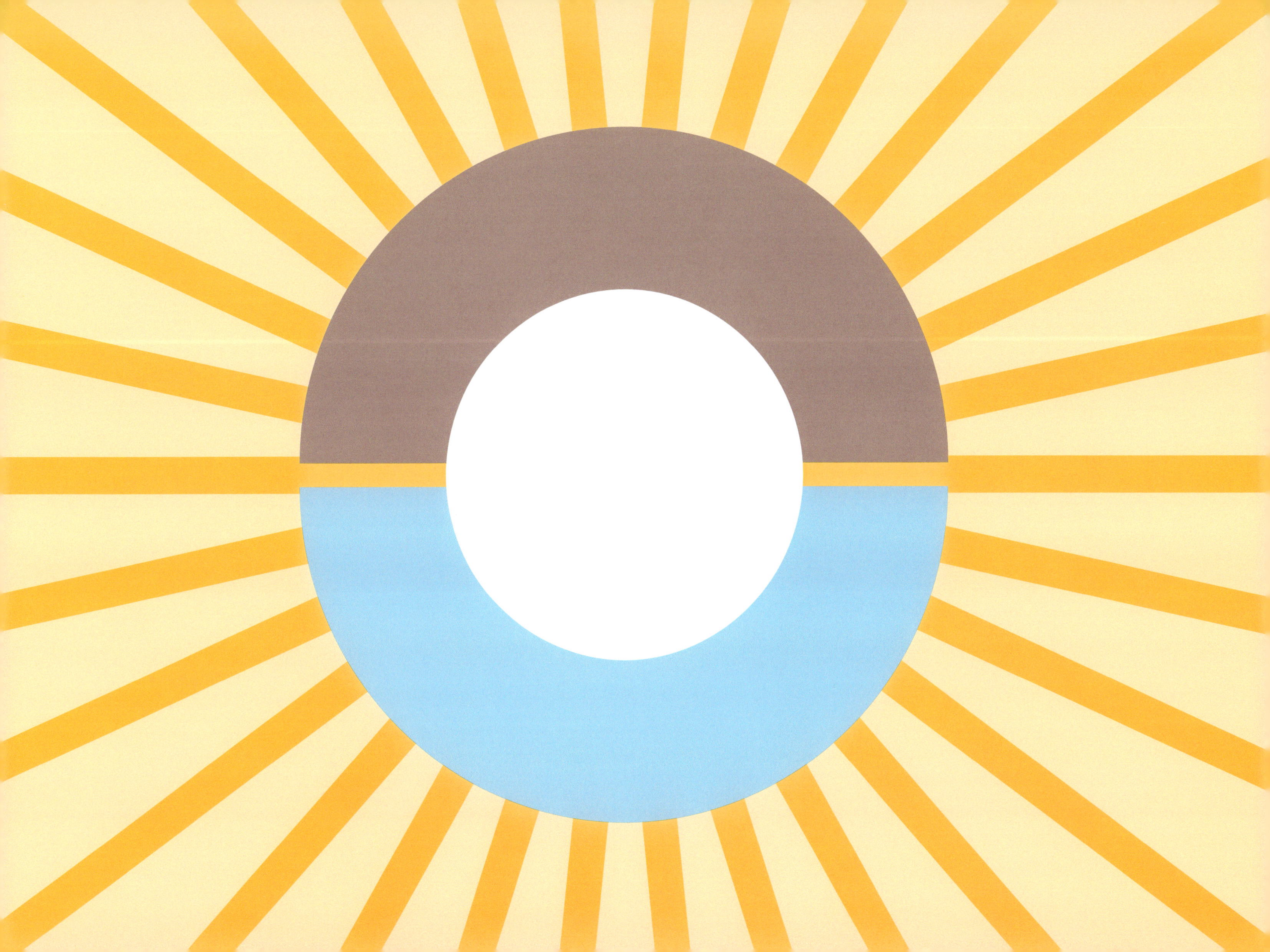

LIEBE

Psalm 36,8

Wie köstlich ist deine Liebe, Gott! Menschen bergen sich im Schatten deiner Flügel.

Schwingende Schwingen
im FreudenRot glühenden Glücks
weißer Flügelschlag des Himmels
wirft RuheSchatten auf die Erde wie Höhlen
bergende Gewölbe den Seelen
KükenSchutz unter der GottGlucke Flügel

Flügel ist Engel ist Himmel ist Gott
ALLES ist Liebe
geborgen im FlügelSchatten
freudenrot

Punktgenau
sind wir Menschen Gott
dein Ebenbild
nicht an Größe, Strahlkraft und Reinheit,
doch in Form und Substanz:

Globuli der Liebe Gottes,
weiße Kügelchen schattengrau
aber voller Kraft,
jeders von uns eine
weiße Kugel, die das Spiel macht
im Billard der Billiarden
bewegt von der ALLESKraft
einander zu berühren und zu bewegen
herzfreudenrot

Himmel auf KostProbe
sanft kost uns köstliches Glück
kostet nichts
nur das Leben
kostet und seht
kostet das Leben!

Stefan Herok

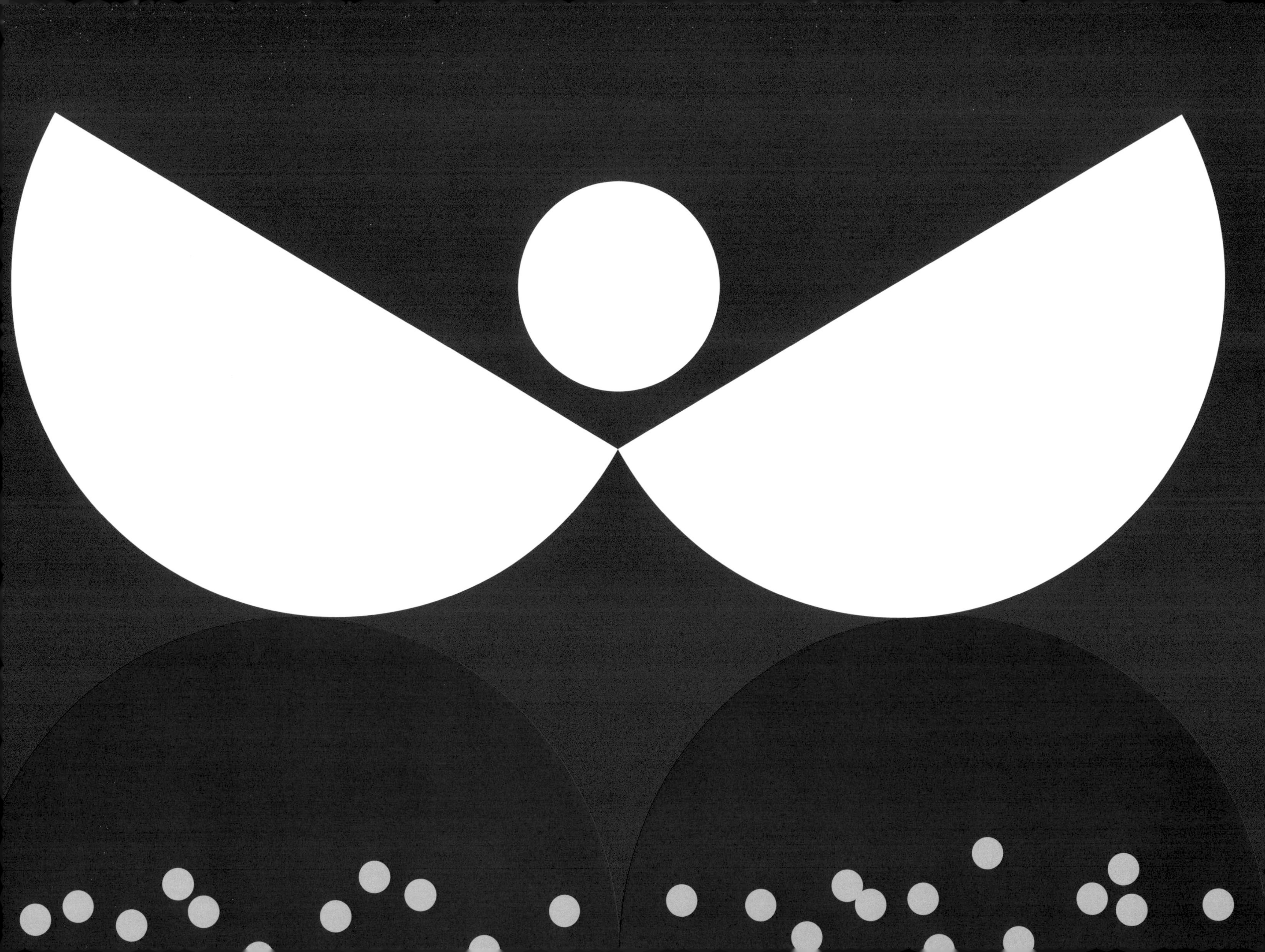

PLAN

Lukas 14,28–30

Denn wenn einer von euch einen Turm bauen will, setzt er sich dann nicht zuerst hin und berechnet die Kosten, ob seine Mittel für das ganze Vorhaben ausreichen? Sonst könnte es geschehen, dass er das Fundament gelegt hat, dann aber den Bau nicht fertigstellen kann. Und alle, die es sehen, würden ihn verspotten und sagen: Der da hat einen Bau begonnen und konnte ihn nicht zu Ende führen.

597 Meter ragt er in den Himmel – der Goldin Finance 117 Tower in der Millionenstadt Tianjin. Bekanntheit erlangte das Hochhaus durch seinen Titel als höchste Bauruine der Welt. Ein weithin sichtbares Monument für die menschliche Hybris, das im Klima der Boomjahre des chinesischen Staatskapitalismus geplant und dessen Vollendung im Jahr 2015 aufgegeben wurde. Um sich in einem per Doktrin festgelegten System ohne Makel dem Spott zu entziehen, ignorieren die hiesigen Medien den Zustand des Gebäudes.

Pläne können vermessen, zum Scheitern verurteilt sein. Die Geschichte der Menschheit ist voll von Zeugnissen misslungener Pläne und fehlgeschlagener Umsetzungen. Waren diese nicht ausreichend akribisch durchdacht und ausgeführt? Mit Sicherheit nicht. Denn nicht alle Wendungen sind vorhersehbar. Dennoch braucht es einen Plan, aber keine Fetischisierung des Plans. Eine sklavische Unterwerfung führt möglicherweise die ursprüngliche Absicht ad absurdum: Die durchgetaktete Urlaubsreise mit unzähligen Programmpunkten sorgt selten für Entspannung, ist dafür besonders anfällig für außerplanmäßige Vorkommnisse, die den Erholungswert weiterhin reduzieren. Demgegenüber beginnt niemand eine Urlaubsreise vollkommen planlos.

Was tun? Eine Möglichkeit des Umgangs mit dieser Ambivalenz – in den Worten des Schriftstellers Stephan Sarek: »Es kann nichts schiefgehen. Das einzige, was passieren kann, ist, dass die Dinge einen anderen Verlauf nehmen als geplant.«

Matthias Cameran

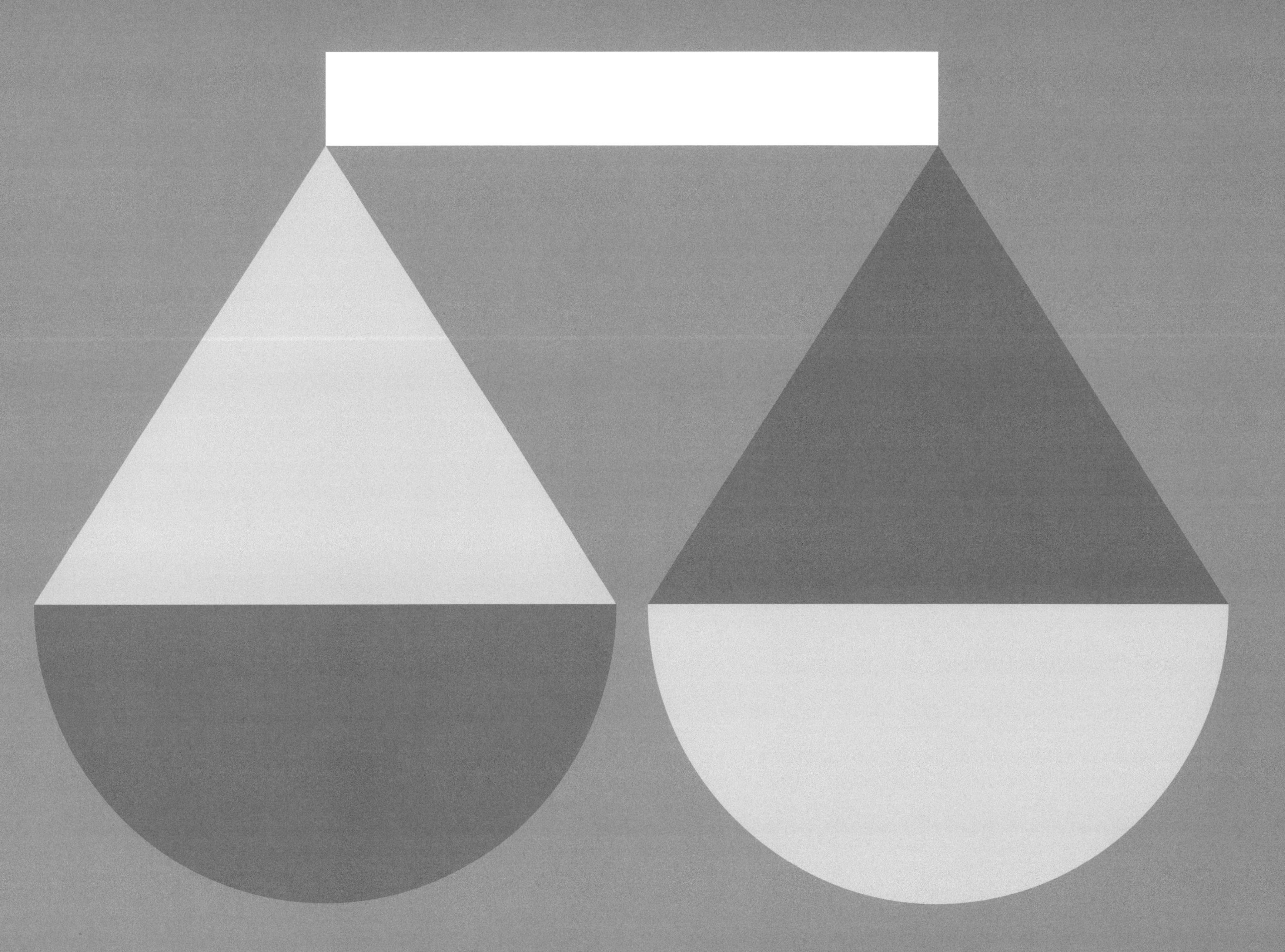

RUHE

Psalm 4,9

In Frieden leg ich mich nieder und schlafe; denn du allein, HERR, lässt mich sorglos wohnen.

GOTT

ich finde keine ruhe

um mich
nichts als dunkelheit
in mir
nichts als erinnerungsstürme

GOTT

wirf leuchtenden sand in mein gedankengetriebe
bette mich in deine eine hand
und halt die andere über mich
schützend und segnend

so schlafe ich
eingehüllt und geborgen
wie eine perle
in ihrer muschel

Johanna Beck

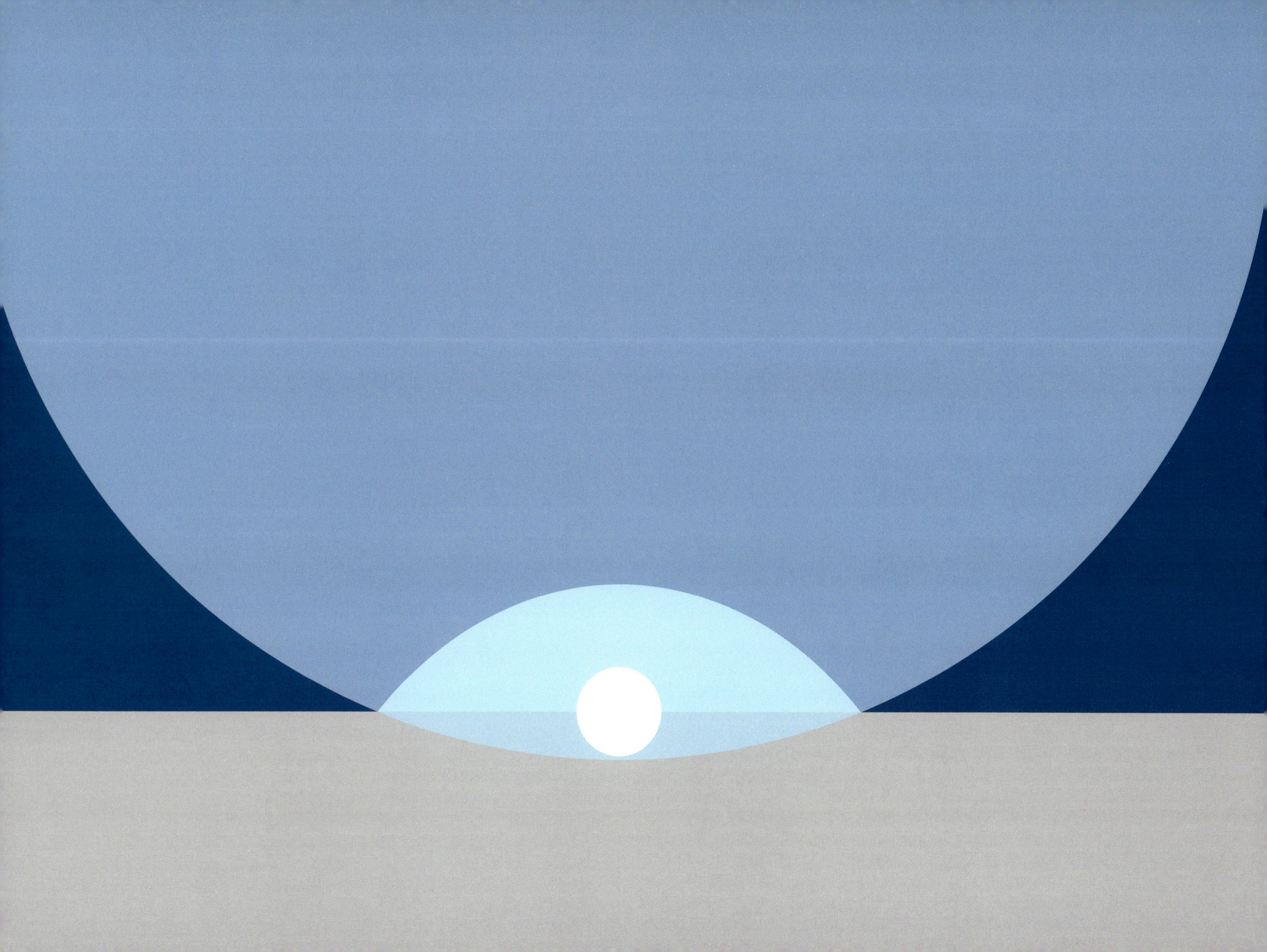

SICHERHEIT

Psalm 18,2–3

Ich will dich lieben, HERR, meine Stärke, HERR, du mein Fels und meine Burg und mein Retter; mein Gott, mein Fels, bei dem ich mich berge, mein Schild und Horn meines Heils, meine Zuflucht.

sicher
bist du GOTT
nicht steinhart und felsenfest
burg-herrlich und schloss-geistlich
verbarrikadiert und gesichert

sicher
bist du GOTT
offen wie die tür
einen spaltbreit um zu erahnen
wie schön alles sein kann – und ist
sperrangelweit um hindurch zu gehen
in das leben welt weit
und in das licht wohlig warm

sicher
bist du GOTT
beweglich wie das zelt
damals in der wüste und heute
nicht immobil
nicht domestizierbar
sondern unbehaust
zu finden auch im sanften säuseln

sicher
bist du GOTT
lebenssicher tragend
wie der gute grund
auf dem ich stehe
und gehe
mit dir

Holger Rehländer

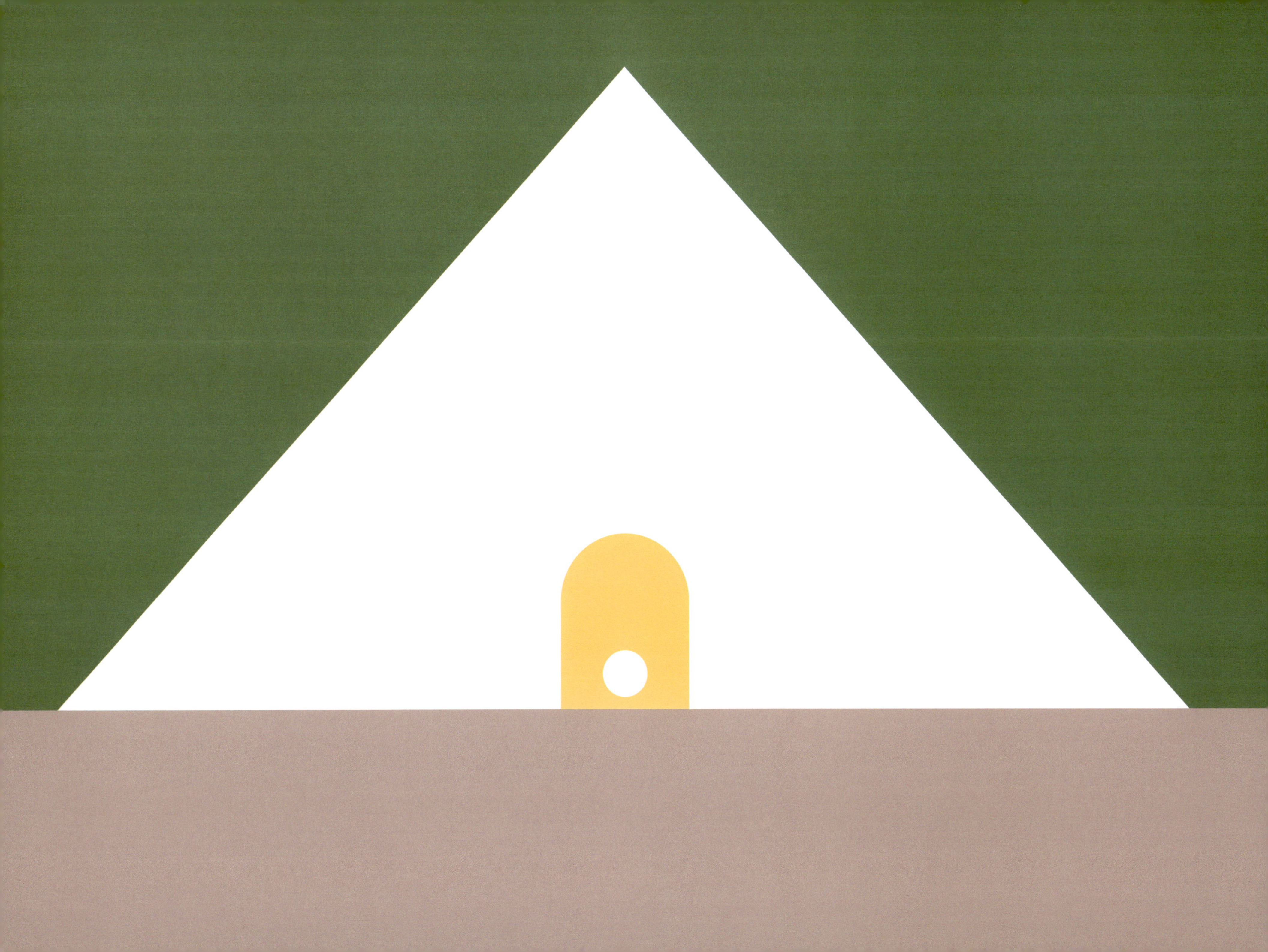

SORGE

Matthäus 6,25–34

Deswegen sage ich euch: Sorgt euch nicht um euer Leben, was ihr essen oder trinken sollt, noch um euren Leib, was ihr anziehen sollt! Ist nicht das Leben mehr als die Nahrung und der Leib mehr als die Kleidung? Seht euch die Vögel des Himmels an: Sie säen nicht, sie ernten nicht und sammeln keine Vorräte in Scheunen; euer himmlischer Vater ernährt sie. Seid ihr nicht viel mehr wert als sie? Wer von euch kann mit all seiner Sorge sein Leben auch nur um eine kleine Spanne verlängern? Und was sorgt ihr euch um eure Kleidung? Lernt von den Lilien des Feldes, wie sie wachsen: Sie arbeiten nicht und spinnen nicht. Doch ich sage euch: Selbst Salomo war in all seiner Pracht nicht gekleidet wie eine von ihnen. Wenn aber Gott schon das Gras so kleidet, das heute auf dem Feld steht und morgen in den Ofen geworfen wird, wie viel mehr dann euch, ihr Kleingläubigen! Macht euch also keine Sorgen und fragt nicht: Was sollen wir essen? Was sollen wir trinken? Was sollen wir anziehen? Denn nach alldem streben die Heiden. Euer himmlischer Vater weiß, dass ihr das alles braucht. Sucht aber zuerst sein Reich und seine Gerechtigkeit; dann wird euch alles andere dazugegeben. Sorgt euch also nicht um morgen; denn der morgige Tag wird für sich selbst sorgen. Jeder Tag hat genug an seiner eigenen Plage.

Sich nicht (so viel) zu sorgen. Klingt gut. Aber ich bin Mutter. Ich bin die Sorge in Person, bin sogar von Staatswegen zur Sorge »berechtigt«. Mein Sorgenkarussell bleibt niemals stehen. Wie alle Eltern, deren Kinder eine Beeinträchtigung haben, sitze ich noch dazu in der Sonderanfertigung, die sich unvermindert weiterdreht, auch wenn die »Kleinen« längst erwachsen sind. Die Sorgen reichen weit in die Zukunft, über den eigenen Tod hinaus. Und dann kommt dieses nüchterne Bibelwort daher und trifft wie ein leuchtender Pfeil ins Sorgengrau. Spießt so manche Selbstüberschätzung auf. Wer bin ich eigentlich, dass ich denke, ich könnte mit all meinen Sorgen auch nur ein Jota verändern? Wie entlastend ist die lakonische Aufforderung, mal beim »heute« zu bleiben. Da ist also einer, der noch für das kleinste Vögelchen bestens sorgt. Dem kann dann wohl auch ich die eine oder andere Sorge getrost überlassen. Neuerdings gelingt es mir von Zeit zu Zeit, auszusteigen. Dann lasse ich fruchtlose Befürchtungen beiseite, übe mich in Sorglosigkeit und erfreue mich wie die Lilie auf dem Feld und die Vögel des Himmels an dem einzigartigen Geschenk, jetzt und hier auf der Welt und am Leben zu sein.

Barbara Reichwein

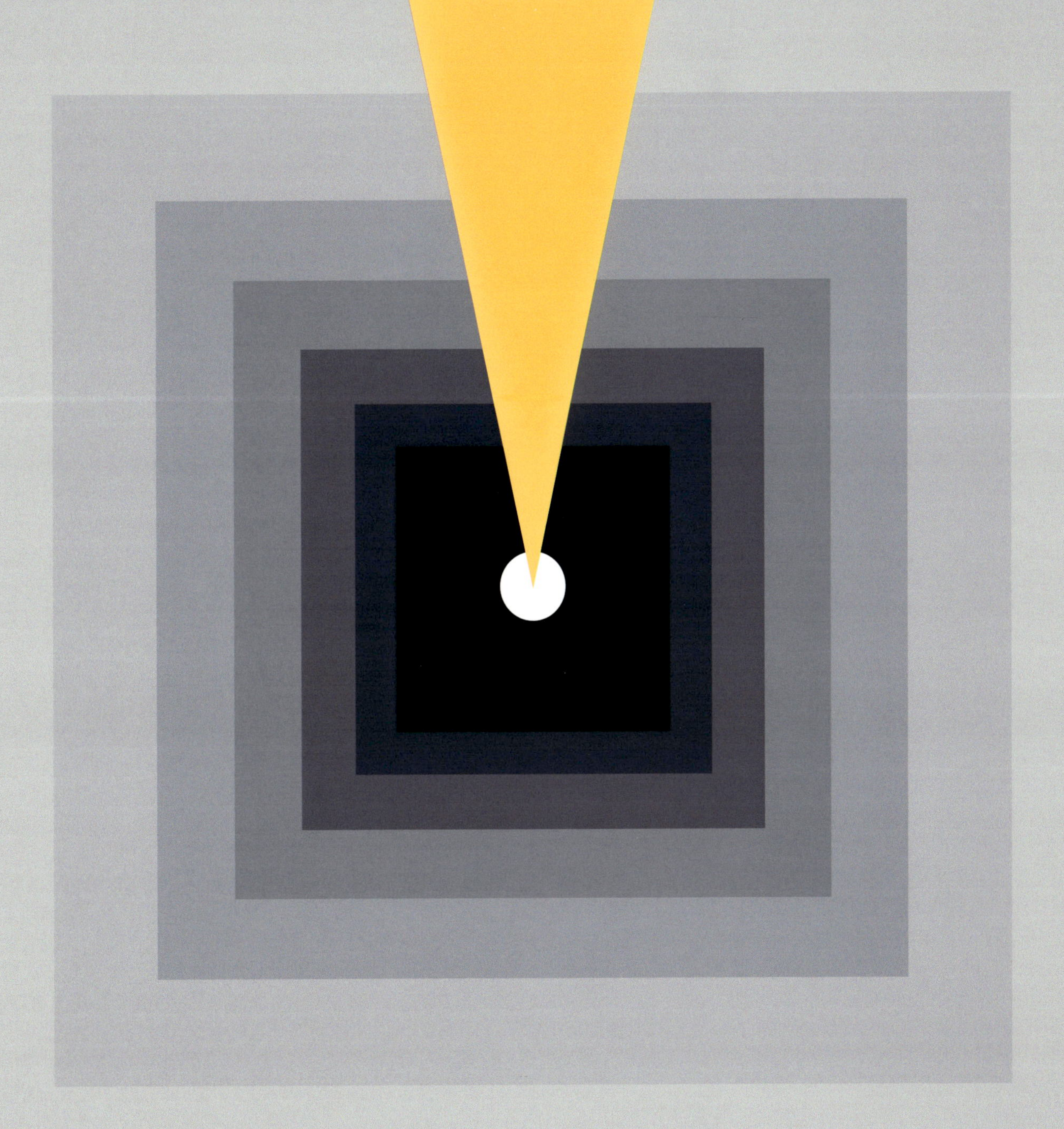

STREIT

Sprichwörter/Sprüche 16,28–29

Ein tückischer Mensch erregt Streit, ein Verleumder entzweit Freunde. Der Gewalttätige verführt seinen Nächsten, er bringt ihn auf einen Weg, der nicht gut ist.

Was passiert auf diesem Bild?
Der schwarze Punkt ist bedrückt und wütend. Es stehen ganz viele Menschen drum herum, die wollen ihm vielleicht Hilfe anbieten, aber der andere will das nicht und rastet deswegen aus. Oder der schwarze Punkt war einsam und neidisch und hat sich dazwischengedrängelt und Streit angefangen.

Das Bild zeigt also einen Streit. Wie kann man sowas regeln, zum Beispiel bei euch in der Schule?
Ich würde erst einmal die Situation beobachten, damit ich sie verstehe, bevor ich eingreife. Dann würde ich dazwischen gehen und sagen, dass er aufhören soll, denn das ist doch gemein für die anderen, die einfach zusammen sein wollen. Vielleicht braucht der dunkle Punkt auch Hilfe, weil er Probleme hat. Dann sollten die anderen ihm helfen. Aber er muss die Hilfe natürlich auch annehmen.

Warum sollte man Streit überhaupt klären?
Damit alle gemeimsam spielen können, und wenn der Streit dann geklärt ist, ist es toll, wenn es bei der nächsten schwierigen Situation gar keinen Streit mehr gibt.

Marissa Hameier und Valentin Steinfeld

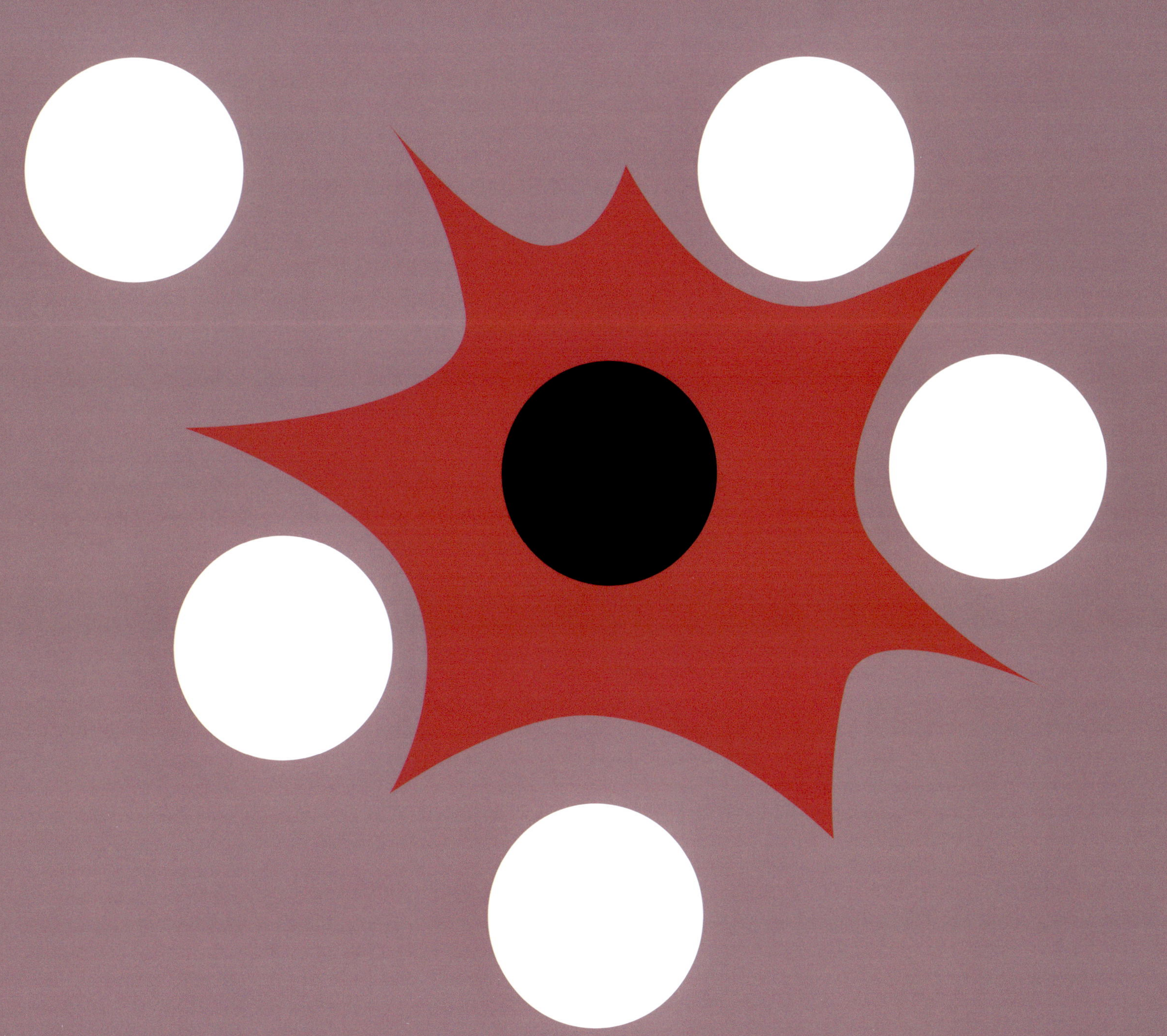

TRAUM

Genesis / 1. Mose 28,11–15

Er kam an einen bestimmten Ort und übernachtete dort, denn die Sonne war untergegangen. Er nahm einen von den Steinen dieses Ortes, legte ihn unter seinen Kopf und schlief dort ein. Da hatte er einen Traum: Siehe, eine Treppe stand auf der Erde, ihre Spitze reichte bis zum Himmel. Und siehe: Auf ihr stiegen Engel Gottes auf und nieder. Und siehe, der HERR stand vor ihm und sprach: Ich bin der HERR, der Gott deines Vaters Abraham und der Gott Isaaks. Das Land, auf dem du liegst, will ich dir und deinen Nachkommen geben. Deine Nachkommen werden zahlreich sein wie der Staub auf der Erde. Du wirst dich nach Westen und Osten, nach Norden und Süden ausbreiten und durch dich und deine Nachkommen werden alle Sippen der Erde Segen erlangen. Siehe, ich bin mit dir, ich behüte dich, wohin du auch gehst, und bringe dich zurück in dieses Land. Denn ich verlasse dich nicht, bis ich vollbringe, was ich dir versprochen habe.

Jakob auf der Flucht vor seinem Bruder – und sich selbst? Müde und erschöpft nach langer Wanderschaft holt ihn schließlich der Sonnenuntergang ein. Tiefer Schlaf überfällt ihn und es beginnt eine andere Zeit. Das Dunkel der Nacht öffnet die Tore in die Untiefen der Seele. Ängste, Zweifel und Sehnsüchte werden wach. Werde ich ankommen oder führt mich der Weg in die Irre? Wird der erschlichene Segen mich begleiten oder habe ich ihn für immer verwirkt? Die Nacht berührt die verletzbaren Seiten, wühlt das Innerste auf und holt das Unterste nach oben.

Und da wächst geheimnisvoll aus der Tiefe Sprosse um Sprosse eine Leiter. Eine Traum-Treppe, schier unendlich hoch bis in den Himmel. Was für eine Metamorphose. Bedrängnis und Enge wandeln sich in Weite. Die Seele spannt ihre Flügel aus in göttlichem Lebensodem. Engel wandern zwischen den Welten und verknüpfen wundersam Menschliches mit göttlicher Sphäre. Die Nacht hütet dieses Geheimnis, die untrennbare Verbindung von Gott und Mensch. Deshalb ist die Nacht die Zeit der Verheißung: »Siehe ich bin mit dir, ich behüte dich, wohin du auch gehst…«

Daniela Engelhard

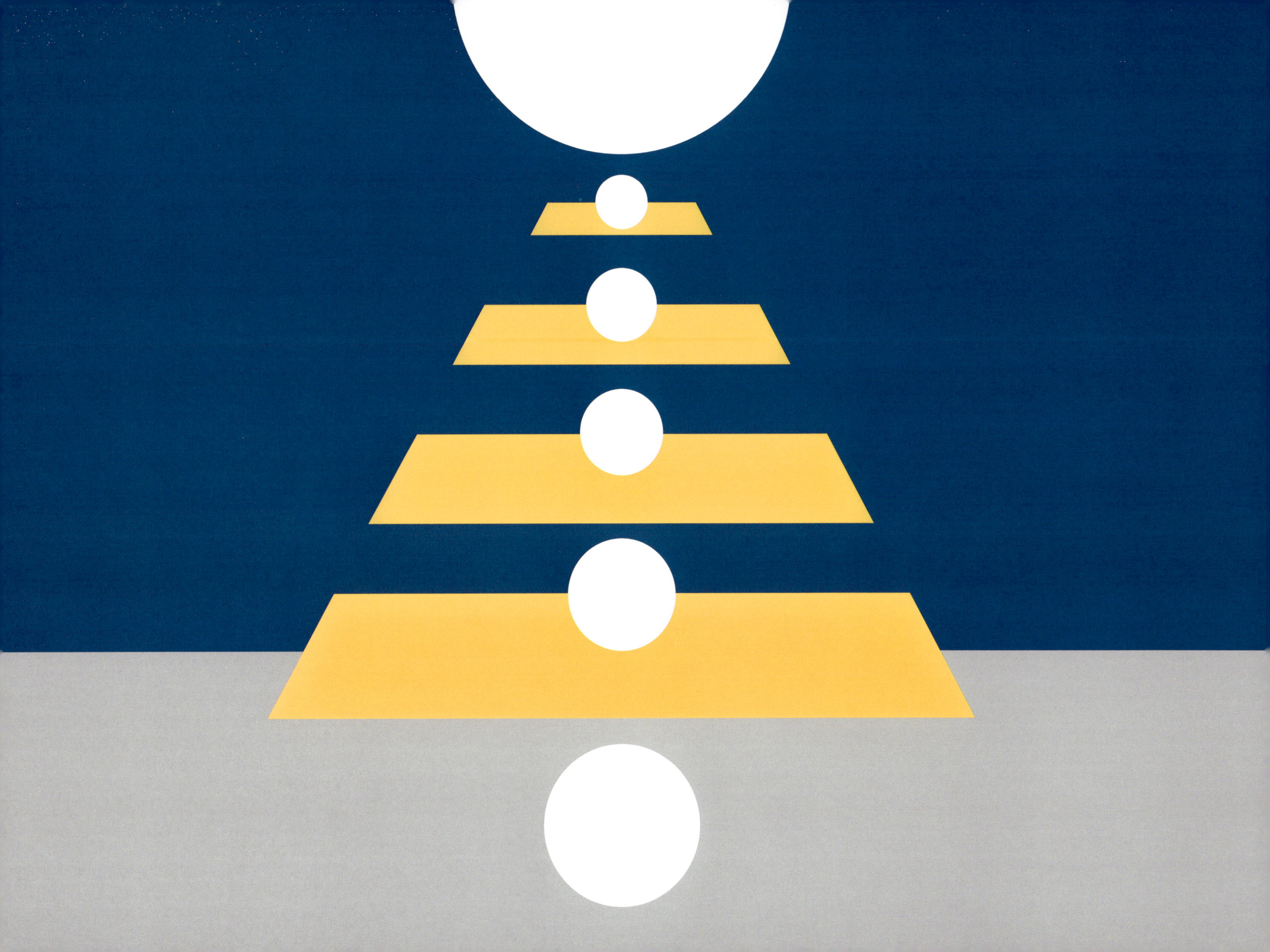

UMKEHR

Lukas 19,1–10

Dann kam er nach Jericho und ging durch die Stadt. Und siehe, da war ein Mann namens Zachäus; er war der oberste Zollpächter und war reich. Er suchte Jesus, um zu sehen, wer er sei, doch er konnte es nicht wegen der Menschenmenge; denn er war klein von Gestalt. Darum lief er voraus und stieg auf einen Maulbeerfeigenbaum, um Jesus zu sehen, der dort vorbeikommen musste. Als Jesus an die Stelle kam, schaute er hinauf und sagte zu ihm: Zachäus, komm schnell herunter! Denn ich muss heute in deinem Haus bleiben. Da stieg er schnell herunter und nahm Jesus freudig bei sich auf. Und alle, die das sahen, empörten sich und sagten: Er ist bei einem Sünder eingekehrt. Zachäus aber wandte sich an den Herrn und sagte: Siehe, Herr, die Hälfte meines Vermögens gebe ich den Armen, und wenn ich von jemandem zu viel gefordert habe, gebe ich ihm das Vierfache zurück. Da sagte Jesus zu ihm: Heute ist diesem Haus Heil geschenkt worden, weil auch dieser Mann ein Sohn Abrahams ist. Denn der Menschensohn ist gekommen, um zu suchen und zu retten, was verloren ist.

Ein enger Raum mit Schwarz-Rot-Gelb. Ist Gelb nicht die Farbe des Neides? Die Wörter Gelb und Geld trennt nicht viel.

Wohnt hier Zachäus – ein Mann mit Geld, aber ohne Freunde? Geld kann man nicht essen, die Früchte des Maulbeerfeigenbaums aber sind essbar. Und wenn sie reif sind, reicht ihre Farbe von Gelb über Rot bis zu Schwarz. Hoch oben im Baum saß Zachäus.

Jesus tritt ein in Zachäus' Raum wie der Engel der Verkündigung. Engel denkt man sich immer hell. Fra Angelico malte die Verkündigung an Maria im hortus conclusus, einem abgegrenzten und geschützten Raum. Die Flügel des Engels von Fra Angelico sind Gelb und Rot, Schwarz und Grau, wie das Haus von Zachäus und die Früchte des Maulbeerfeigenbaums.

Ob in der Menschenmenge oder im kleinen Raum: Wenn etwas falsch läuft in unserem Leben, brauchen wir jemanden, der uns kennt und bei unserem Namen ruft: Zachäus!

Ein Neuanfang.

Kirsten Lange-Wittmann

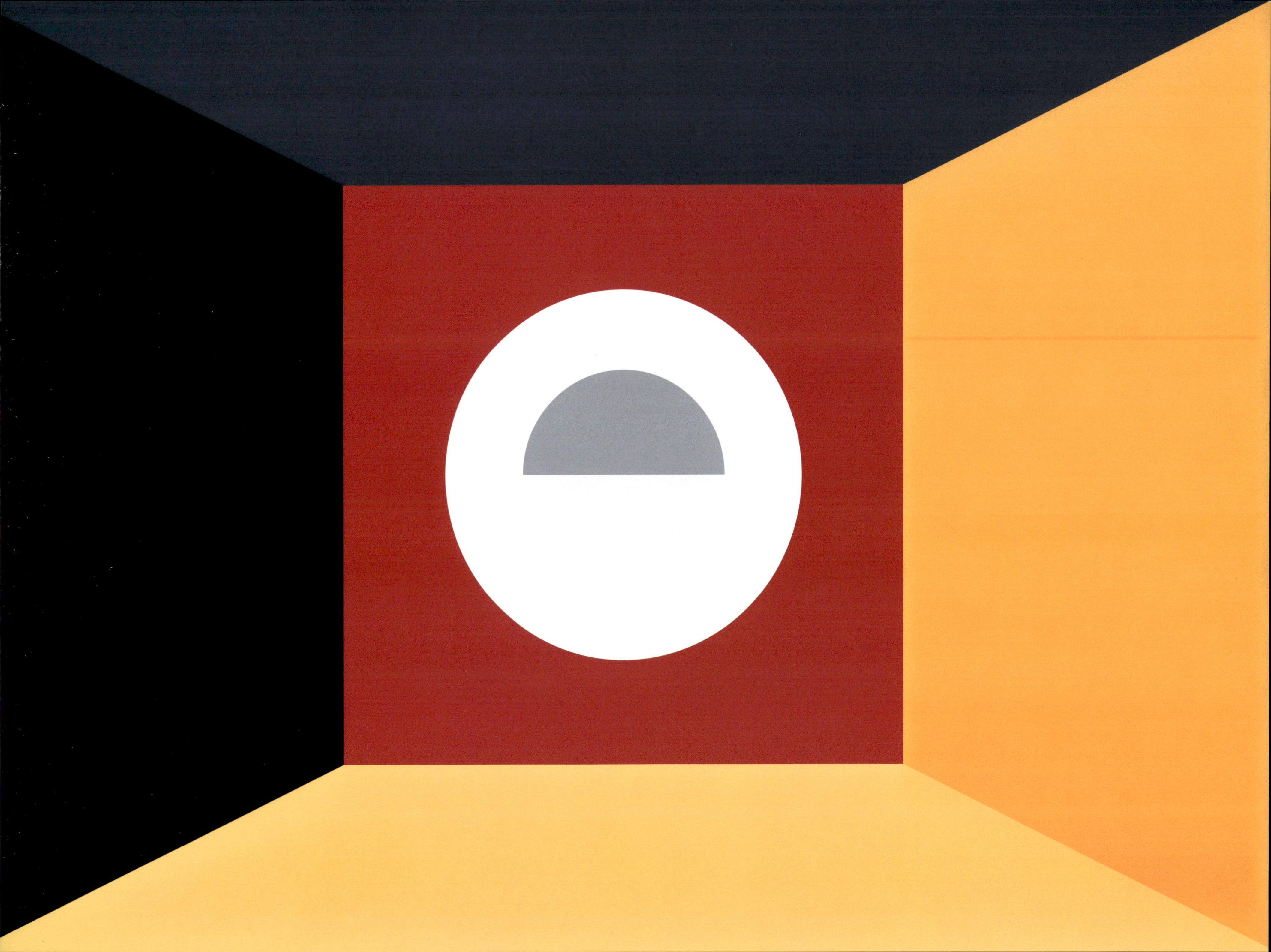

VERÄNDERUNG

Psalm 30,11–13

Höre, HERR, und sei mir gnädig! HERR, sei du mein Helfer! Du hast mein Klagen in Tanzen verwandelt, mein Trauergewand hast du gelöst und mich umgürtet mit Freude, damit man dir Herrlichkeit singt und nicht verstummt. HERR, mein Gott, ich will dir danken in Ewigkeit.

Veränderung.
Ist unbequem.
Mit ungewissem Ende außerdem.
Stellt in Frage.
Altgewohntes.
Stört der Kreise Zirkel sehr.

Gunrednärev!
ändert Ränder,
rendert Träume, weitet Räume;
echte Perspektiven wagen –
bunte Ufer warten schon:

Öffnung
heißt die Chance aufzuspüren
was verborgen sonst geblieben
Gott lässt sich sehr gerne finden
kinderleicht und jederzeit
Achtung, Spoiler: Das verändert …

Julia Kleine

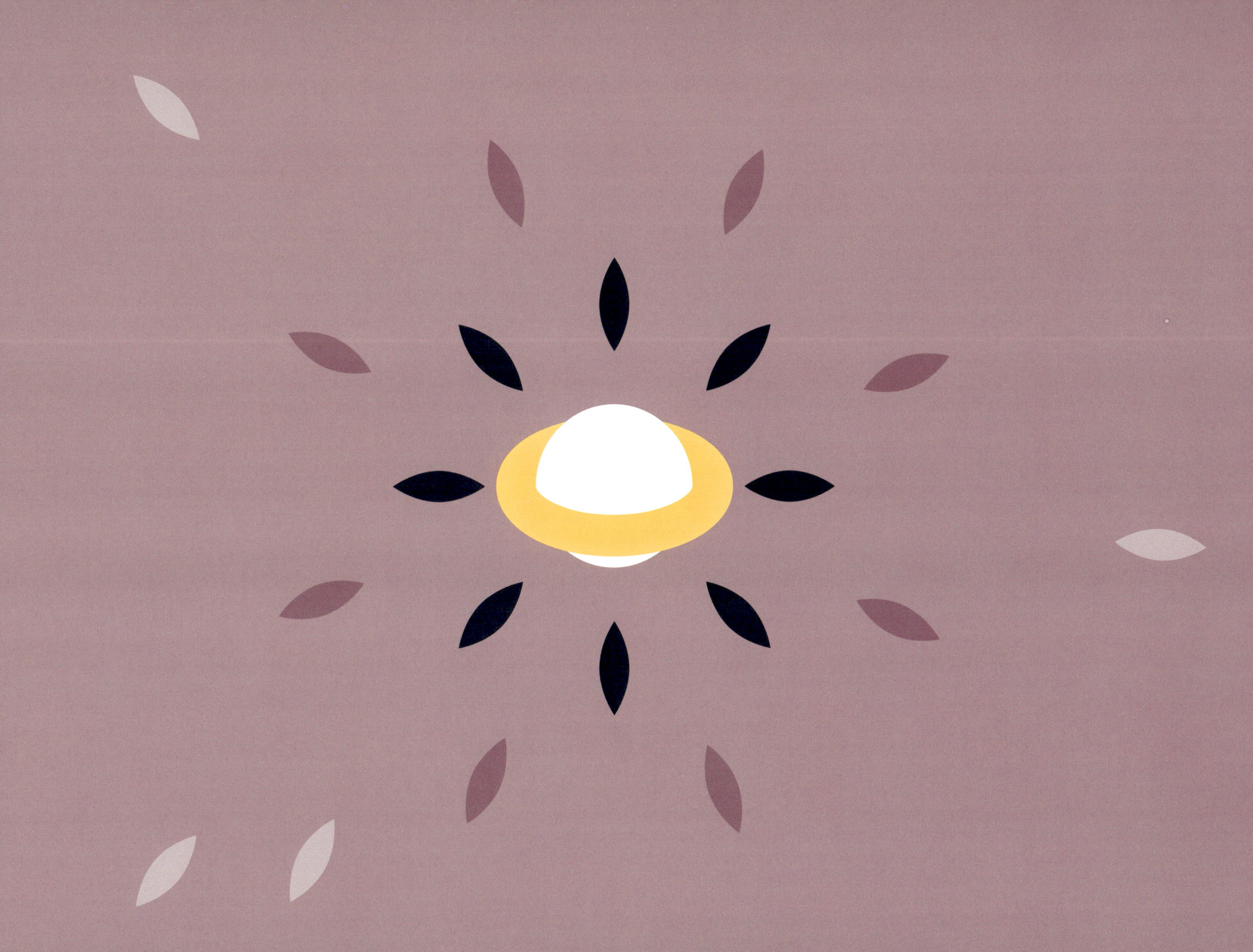

VERSÖHNUNG

2. Korinther 5,17–19

Wenn also jemand in Christus ist, dann ist er eine neue Schöpfung: Das Alte ist vergangen, siehe, Neues ist geworden. Aber das alles kommt von Gott, der uns durch Christus mit sich versöhnt und uns den Dienst der Versöhnung aufgetragen hat. Ja, Gott war es, der in Christus die Welt mit sich versöhnt hat, indem er ihnen ihre Verfehlungen nicht anrechnete und unter uns das Wort von der Versöhnung aufgerichtet hat.

Versöhnender G*tt,
du siehst den Menschen, der ich bin, der ich war und der ich werden kann.
Ich möchte neugeschöpft werden, durch dich, durch Christus, durch die Heilige Geistkraft tief in mir. Ich möchte ablegen, was uns noch voneinander trennt.
Doch ich blicke zu oft zurück.
Zurück auf das Unversöhnliche in mir. Auf Streit mit Familie und Freunden.
Auf Unstimmigkeiten auf der Arbeit. Auf alte Wunden, die ich noch spüre und auf vergangene Situationen, in denen ich mich so verlassen fühlte.
Ich blicke auf meine eigene Fehlbarkeit. Auf Momente, die ich mir nicht verzeihen kann, die ich ungeschehen machen möchte und die auch nach einer ernstgemeinten Entschuldigung noch schwer auf meinem Herzen lasten.
Ich trage manches davon noch in mir, als Groll, als Wut, als Enttäuschung, als Mahnung. Kann nicht nach vorne blicken. Ich möchte es dir geben, alles.
Möchte durch deine Versöhnung selbst versöhnend sein.
Dann blicke ich auf Christus, auf das Kreuz. Ich werde ruhig. Innerlich und äußerlich. Ich sehe seine Wunden, sein Verlassensein, seinen Streit, sein Suchen und sein Gebet. Und ich gebe dem Kreuz all das. All mein Unversöhntes. Es stirbt dort oben am Kreuz. Mit Jesus. Und mit Christus kommt die Versöhnung.
In mich und in die Welt.
Amen.

Charlotte Meister

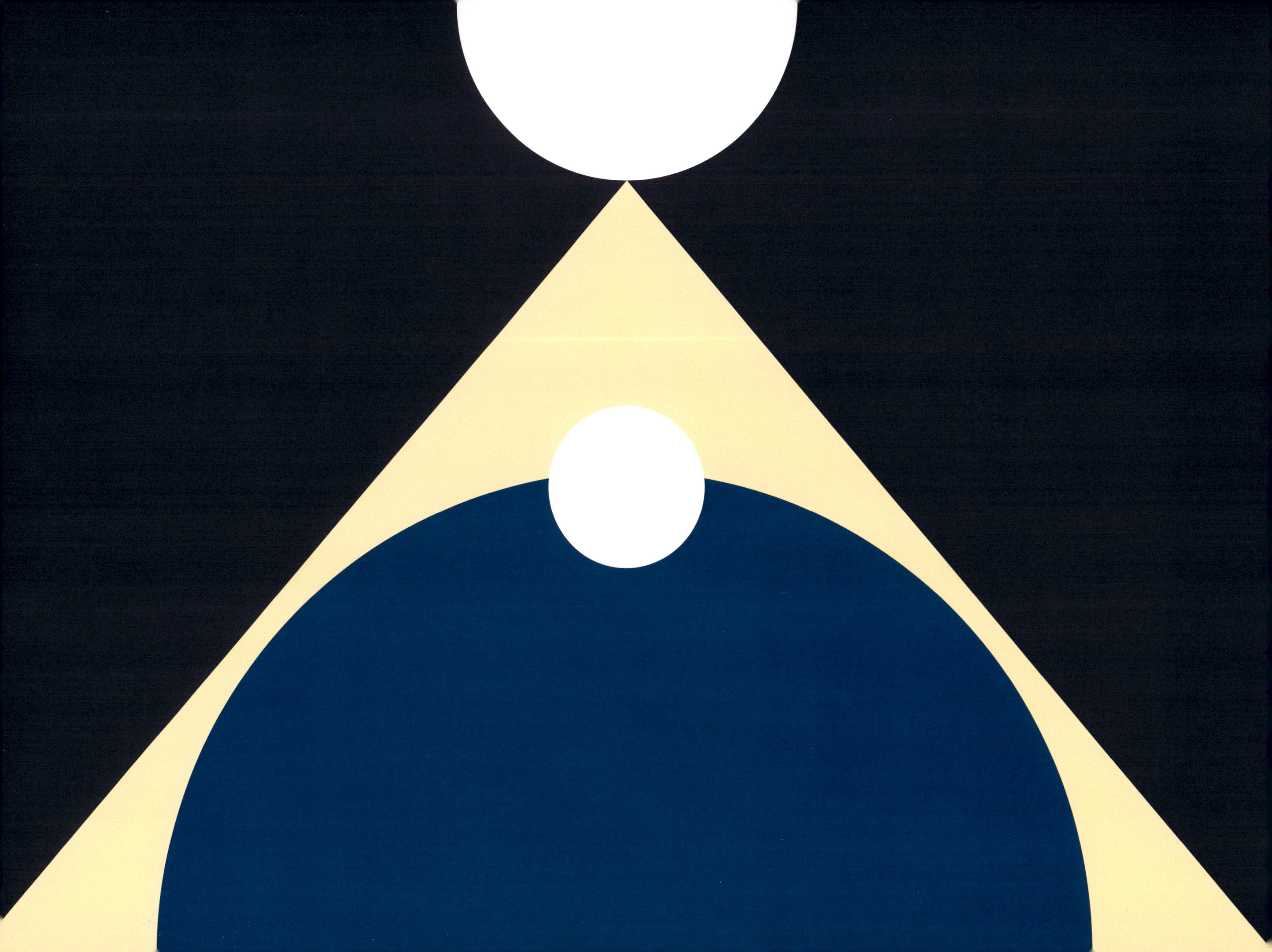

VERTRAUEN

Jesaja 43,2

Wenn du durchs Wasser schreitest, bin ich bei dir, wenn durch Ströme, dann reißen sie dich nicht fort. Wenn du durchs Feuer gehst, wirst du nicht versengt, keine Flamme wird dich verbrennen.

Es ist sehr kalt an diesem Morgen auf dem Erfurter Hauptbahnhof. Sabine hat gerade den Zug verlassen und steht nun regungslos auf dem Bahnsteig. Jetzt wird es ernst; der Augenblick der Wahrheit ist gekommen. Was hatte ihre Enkelin sie angefleht, lieber nicht loszufahren: »Das ist doch viel zu gefährlich, Oma! Du findest nie und nimmer zu deinem nächsten Zug. Sag deinen Besuch lieber ab und ich besuche dich ein andermal.« Sabine ist vor wenigen Jahren erblindet und kann nur noch grobe schwarze Umrisse erkennen. Aber: Sie hat genug von der Einsamkeit zu Hause in ihrer kleinen Zwei-Raum-Wohnung. Sie will endlich wieder raus und zumindest über die Feiertage bei ihren Liebsten sein. Und nun steht sie hier ganz allein auf dem Gleis und wird langsam unruhig. Hatte ihre Enkelin vielleicht doch recht? Ist sie hier ganz auf sich allein gestellt? Der dunkle Schleier, der sie seit längerem gefangen hält, scheint nun immer dichter und bedrohlicher zu werden… Doch da hört sie ganz plötzlich die Stimme einer jungen Frau: »Hallo Frau Fischer, schön, dass sie da sind. Ich bin von der Bahnhofsmission und wollte Sie zum nächsten Zug bringen.« Da kehrt die Gewissheit zurück, die sie bis hierher gebracht hat: Ja, du kannst den Schritt ins Ungewisse gehen. Dort draußen gibt es Menschen, die dich nicht im Stich lassen! Gern umfasst sie den angebotenen Arm, fängt voller Freude an, eine Geschichte aus ihrem Leben zu erzählen und lässt sich von der Unbekannten über den Bahnsteig führen. Diese Erfahrung wird Sabine immer in Erinnerung bleiben. Denn nun weiß sie: Wo Vertrauen ist, ist kein Ziel unerreichbar.

Benjamin Litwin

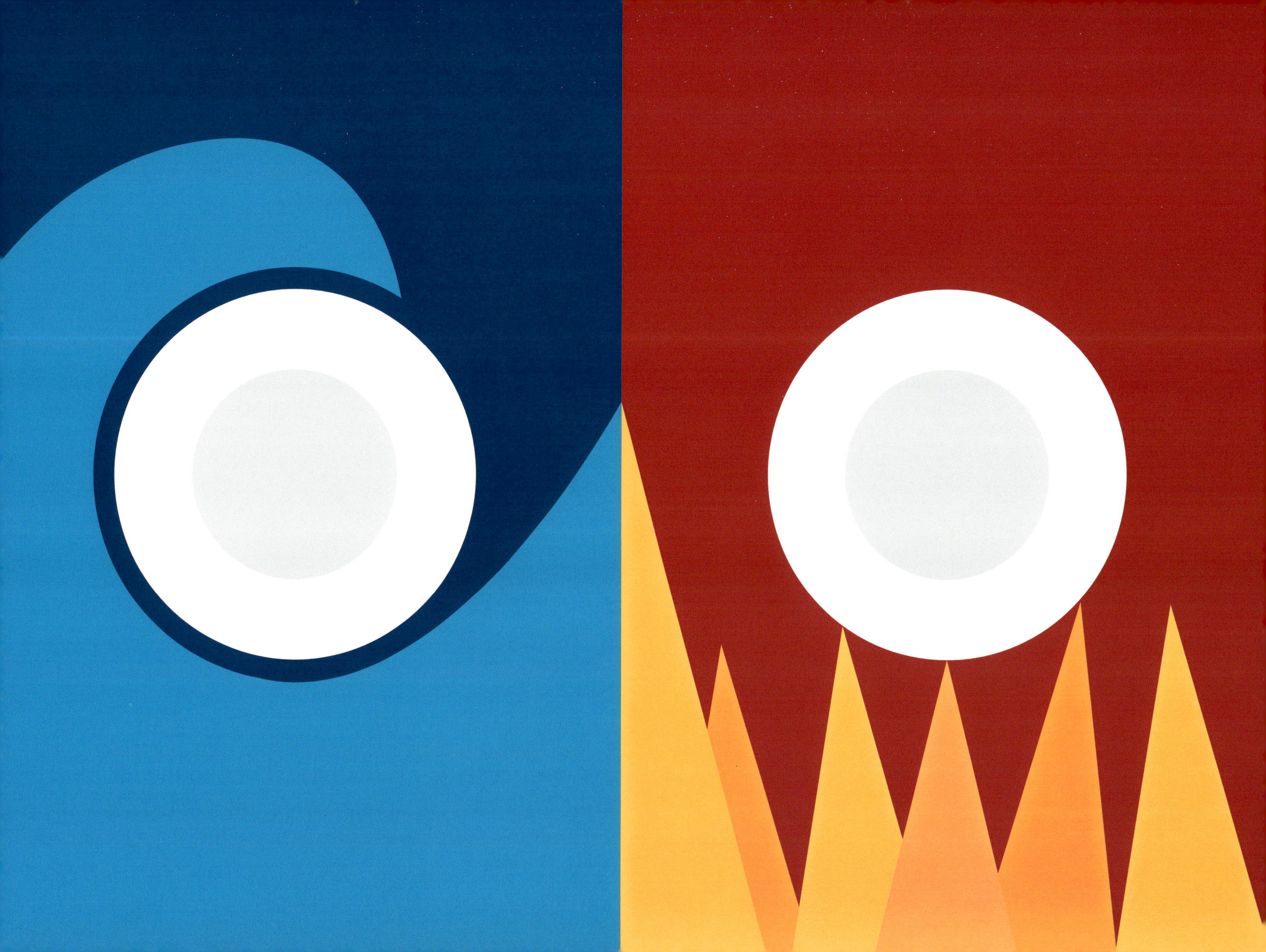

VISION

Jesaja 65,17–25

Ja, siehe, ich erschaffe einen neuen Himmel und eine neue Erde. Man wird nicht mehr an das Frühere denken, es kommt niemand mehr in den Sinn. Vielmehr jubelt und jauchzt ohne Ende über das, was ich erschaffe! Denn siehe, ich erschaffe Jerusalem zum Jauchzen und sein Volk zum Jubel. Ich werde über Jerusalem jubeln und frohlocken über mein Volk. Nicht mehr hört man dort lautes Weinen und Klagegeschrei. Es wird dort keinen Säugling mehr geben, der nur wenige Tage lebt, und keinen Greis, der seine Tage nicht erfüllt; wer als Hundertjähriger stirbt, gilt als junger Mann, und wer die hundert Jahre verfehlt, gilt als verflucht. Sie werden Häuser bauen und selbst darin wohnen, sie werden Weinberge pflanzen und selbst deren Früchte genießen. Sie werden nicht bauen, damit ein anderer wohnt, nicht pflanzen, damit ein anderer isst, sondern wie die Tage eines Baumes sind die Tage meines Volkes und das Werk ihrer Hände werden meine Auserwählten selber verbrauchen. Sie mühen sich nicht vergebens und gebären nicht für den schnellen Tod. Denn sie sind die Nachkommen der vom HERRN Gesegneten und ihre Sprösslinge sind mit ihnen. So wird es sein: Ehe sie rufen, antworte ich, während sie noch reden, höre ich. Wolf und Lamm weiden zusammen und der Löwe frisst Stroh wie das Rind, doch der Schlange Nahrung ist der Staub. Man tut nichts Böses und begeht kein Verbrechen auf meinem ganzen heiligen Berg, spricht der HERR.

Gutes Leben für alle! Wie sieht das aus?

Kein Krieg.
Keine Gewalt.
Kein Hunger.
Keine Armut.
Kein Reichtum.
Kein Rassismus.
Kein Patriarchat.
Keine Queerfeindlichkeit.
Kein Klassismus.
Kein Klimakollaps.

Alle Menschen können ihre Potenziale entfalten und in gerechten Gesellschaften miteinander kommunizieren und leben. Bewegungsfreiheit für alle. Ressourcen sind für alle da und werden nicht überstrapaziert.

All das ist vorstellbar – mehr noch: es schimmert immer wieder durch. Deswegen haben wir die Pflicht, auf die Veränderung der Welt hinzuarbeiten und zu hoffen – trotz allem.

Melanie Wurst

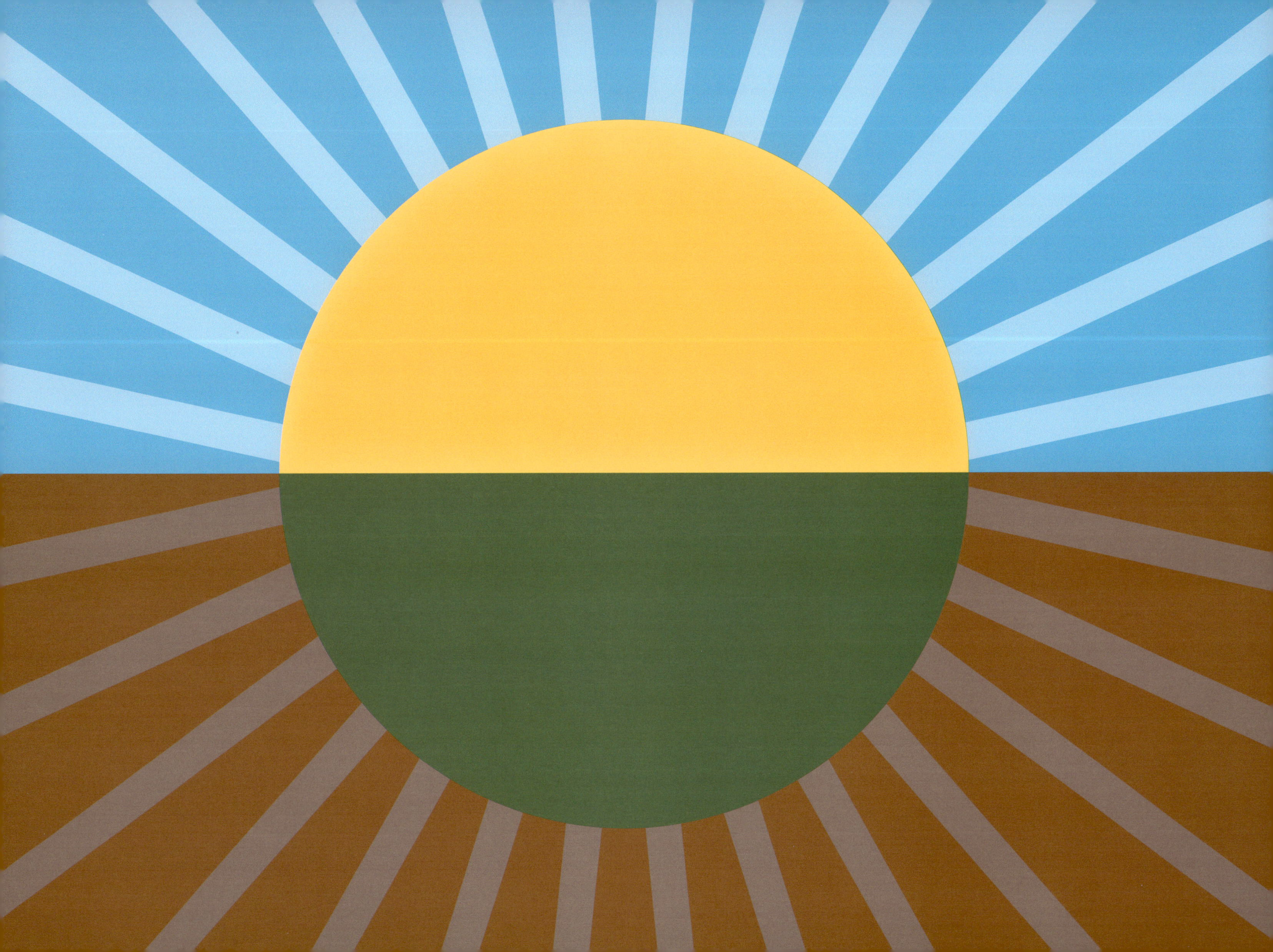

WAHRHEIT

Sprichwörter/Sprüche 4,23–27

Mehr als alles hüte dein Herz; denn von ihm geht das Leben aus. Vermeide alle Falschheit des Mundes und Verkehrtheit der Lippen halt von dir fern! Deine Augen sollen geradeaus schauen und deine Blicke richte nach vorn! Ebne die Straße für deinen Fuß und alle deine Wege seien geordnet. Bieg nicht ab, weder rechts noch links, halt deinen Fuß vom Bösen zurück!

Auge
gebannt vom
Bildergewitter,
50 Megabits pro Sekunde.
Hatespeech wird Shitstorm.
Alternative
Fakten,
gebogen von rechts
oder von links,
gehen viral
in dein Gehirn.
Wie finden
den ebenen Weg
zum Leben
mit dem Smartphone
in der Hand?
Don`t worry:
Der Algorithmus
berechnet die
Wahrheit.

Beatrix Mählmann

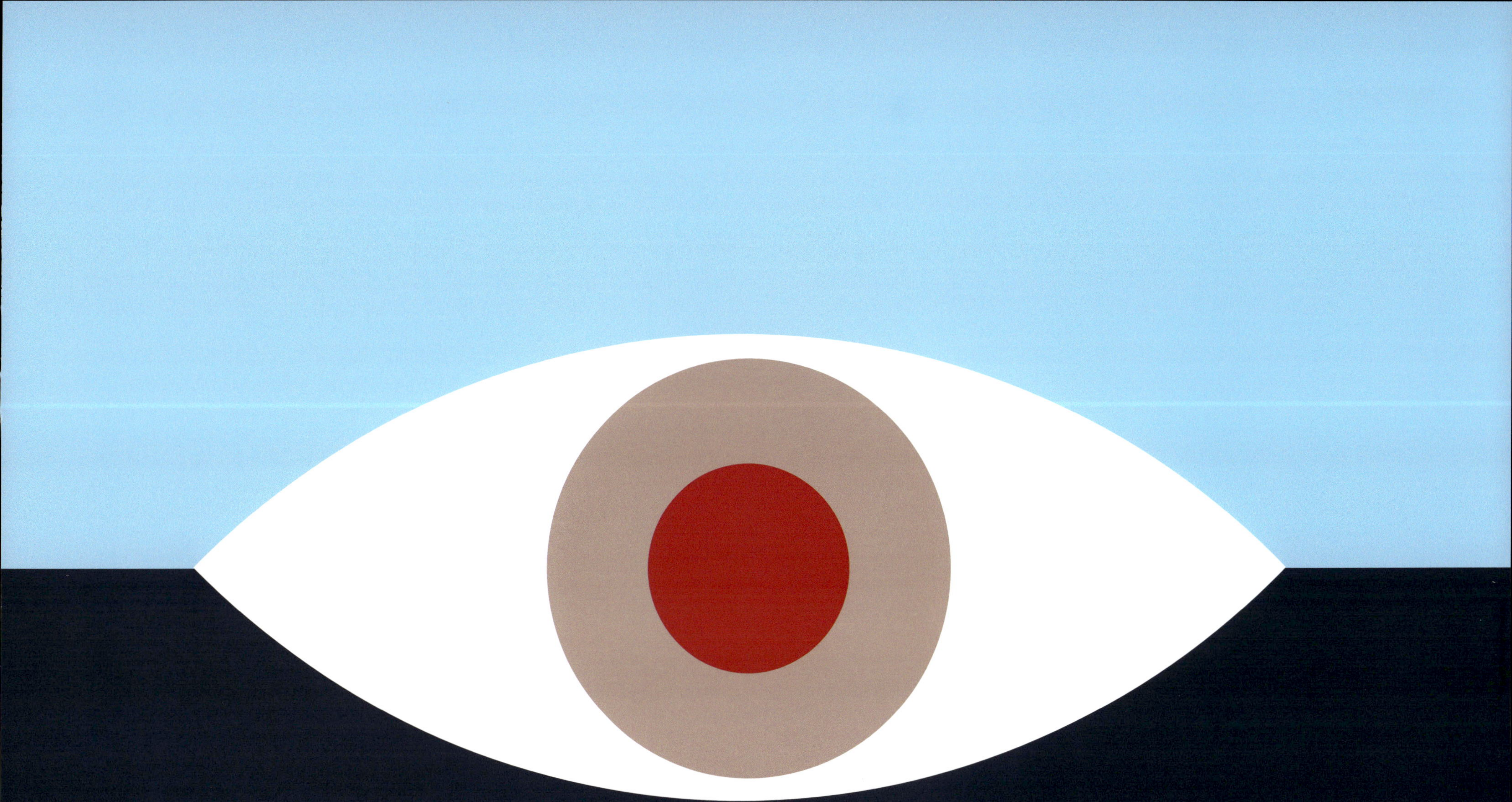

WISSEN

Sprichwörter/Sprüche 3,13–18

Der HERR hat die Erde mit Weisheit gegründet und mit Einsicht den Himmel befestigt. Durch sein Wissen brechen die tiefen Quellen hervor und träufeln die Wolken den Tau herab.

Jedes gelöste Problem gibt den Blick auf neue ungelöste Probleme frei. Der Philosoph Blaise Pascal spricht von Wissen als einer großen Kugel in einem Meer des Unwissens. Vergrößert sich die Oberfläche der Wissenskugel, gibt es auch mehr Berührungspunkte mit dem Nichtwissen. Kein Wissen ohne Nichtwissen. Nur wenn jemand weiß, was er nicht weiß, kann er neues Wissen erwerben.

Was ist es, was ich in der Welt von morgen wissen muss?
Gibt es Dinge, die mir keine KI, keine Google-Anfrage liefern kann?

Was unterscheidet mein Wissen von meinen (scheinbaren) Ge-wiss-heiten?
Was unterscheidet Wahrheit von Meinen und Glauben?

Was lässt aus erfahren, erkennen und empfinden »wissen« werden?
Gibt mir Wissen Macht – oder lässt es mich manchmal ohnmächtig sein?

Was sind die Quellen meines Wissens?
Gibt es ungelöste Probleme, die für immer im Meer des Nichtwissens verbleiben?

In meinem Zweifeln, meinem Schwimmen, meinem Treiben im Nichtwissensozean glaube ich: Da ist jemand, der die Erde mit Weisheit gegründet hat. Und in kleinen Momenten und Begegnungen scheint etwas durch den Schleier der Wolken, durch die Tautropfen zu mir – das mich erkennen und wissen lässt.

Antonia Bräutigam

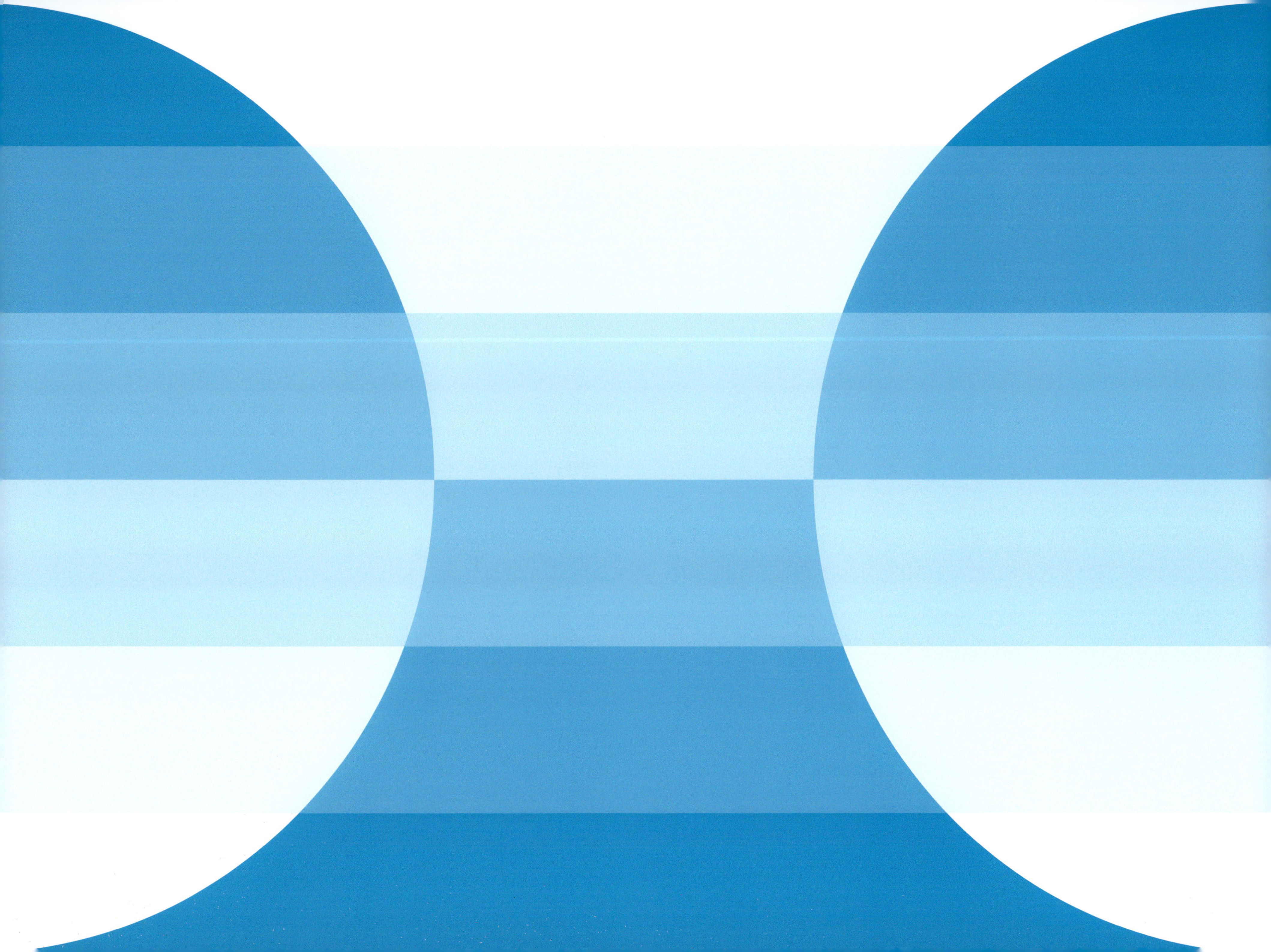

WUNDER

Johannes 4,46–53

Jesus kam wieder nach Kana in Galiläa, wo er das Wasser in Wein verwandelt hatte. In Kafarnaum lebte ein königlicher Beamter; dessen Sohn war krank. Als er hörte, dass Jesus von Judäa nach Galiläa gekommen war, suchte er ihn auf und bat ihn, herabzukommen und seinen Sohn zu heilen; denn er lag im Sterben. Da sagte Jesus zu ihm: Wenn ihr nicht Zeichen und Wunder seht, glaubt ihr nicht. Der Beamte bat ihn: Herr, komm herab, ehe mein Kind stirbt! Jesus erwiderte ihm: Geh, dein Sohn lebt! Der Mann glaubte dem Wort, das Jesus zu ihm gesagt hatte, und machte sich auf den Weg. Noch während er hinabging, kamen ihm seine Diener entgegen und sagten: Dein Junge lebt. Da fragte er sie genau nach der Stunde, in der die Besserung eingetreten war. Sie antworteten: Gestern in der siebten Stunde ist das Fieber von ihm gewichen. Da erkannte der Vater, dass es genau zu der Stunde war, als Jesus zu ihm gesagt hatte: Dein Sohn lebt. Und er wurde gläubig mit seinem ganzen Haus.

Der Beamte ging hin, wie es ihm Jesus gesagt hatte, zurück zu seinem Haus: Die hölzernen Sohlen seiner Sandalen klackerten im raschen Rhythmus auf der schnurgeraden Straße. Es war ebendiese Strecke, die er seit seiner eignen Kindheit gekannt hatte. Die Römerstraße verlief in einer Linie unweit des Seeufers, gebaut als eine leichtgewölbte, schlauchartige Fläche aus unregelmäßigen Basaltplatten. Schon als Knabe schien ihm beim Hingehen auf diesen Pflastersteinen, dazwischen scharfblättrige Gräser wuchsen und Eidechsen forthuschten, er ginge über den Rücken eines Alligators, dem schuppigen Rücken eines Drachens, sooft er tags oder nachts auf dieser Straße hinging. Immer war hier eine Furcht mit ihm gegangen und als später auch sein eigener Sohn auf diesem grauen, behauenen Steinen ging, begleitete den Beamten eine doppelte Furcht. Doch bevor er am nächsten Meilenstein vorbeischritt, erkannte er seine beiden Diener in der Entfernung. Sie schienen aufgebracht und stürzten auf ihn zu, als müssten sie ihm etwas Unfassbares kundtun, doch sein Gang war inzwischen langsam geworden, sanft und gelassen, als könne er jeden weiteren Schritt gehen, ohne die Heimsuchung dieser basaltgrauen Furcht.

Paul-Henri Campbell

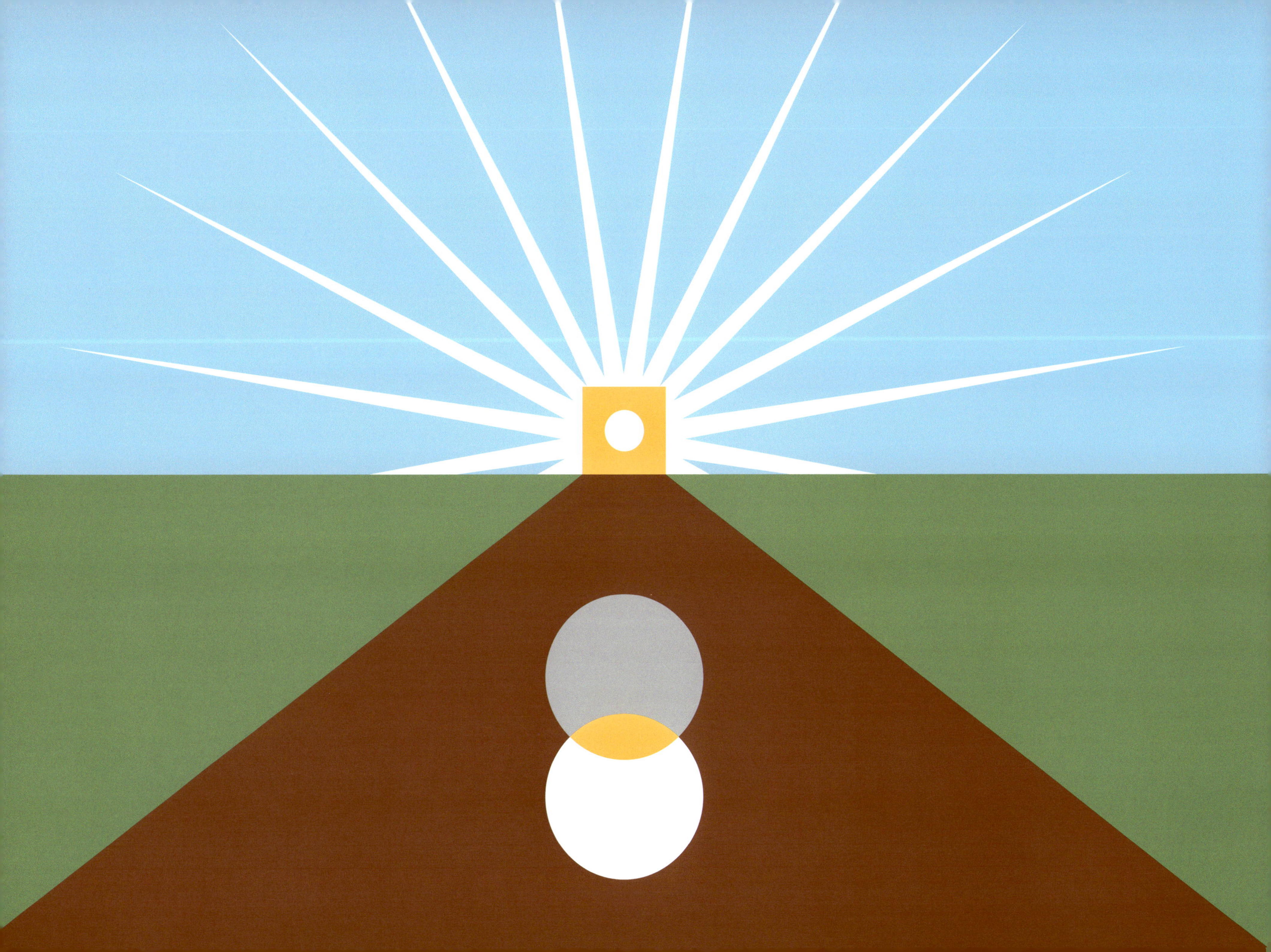

ZUKUNFT

Jesaja 9,1

Das Volk, das in der Finsternis ging, sah ein helles Licht; über denen, die im Land des Todesschattens wohnten, strahlte ein Licht auf.

Ich wünsche mir von der Zukunft, dass ich viele Fische fangen kann.

Jonathan S., 9 Jahre

Ich stelle mir vor, dass ich später Kinder habe, weil es toll ist. Kindern kann man Dinge schenken, worüber sich Erwachsene nicht mehr freuen. Und es ist schöner, mit einer Familie in Urlaub zu fahren, weil man dann am Strand Muscheln sammeln kann, eine Sandburg baut und gemeinsam etwas unternimmt. Ich wünsche mir ein Haus, denn ein Haus bietet Schutz und Geborgenheit. Und ich stelle mir vor, dass meine Familie später in meiner Nähe ist, damit wir uns oft sehen können.

Marie-Franziska E., 7 Jahre

Ich wünsche mir, dass die Häuser in Zukunft in die Höhe gebaut werden, ganz modern und cool. Dann wird nicht so viel Platz weggenommen und man hat mehr Raum für die Natur. Wir sollten auch keine Bäume mehr abholzen. Besonders bei den Regenwäldern, denn die brauchen wir, damit wir atmen können.

Valentin S., 10 Jahre

Die ganze Welt sollte in Zukunft nicht mehr streiten. Wir sollten Kompromisse eingehen und miteinander arbeiten, anstatt gegeneinander. Dann wird es auch keine Kriege mehr geben.

Marissa H., 9 Jahre

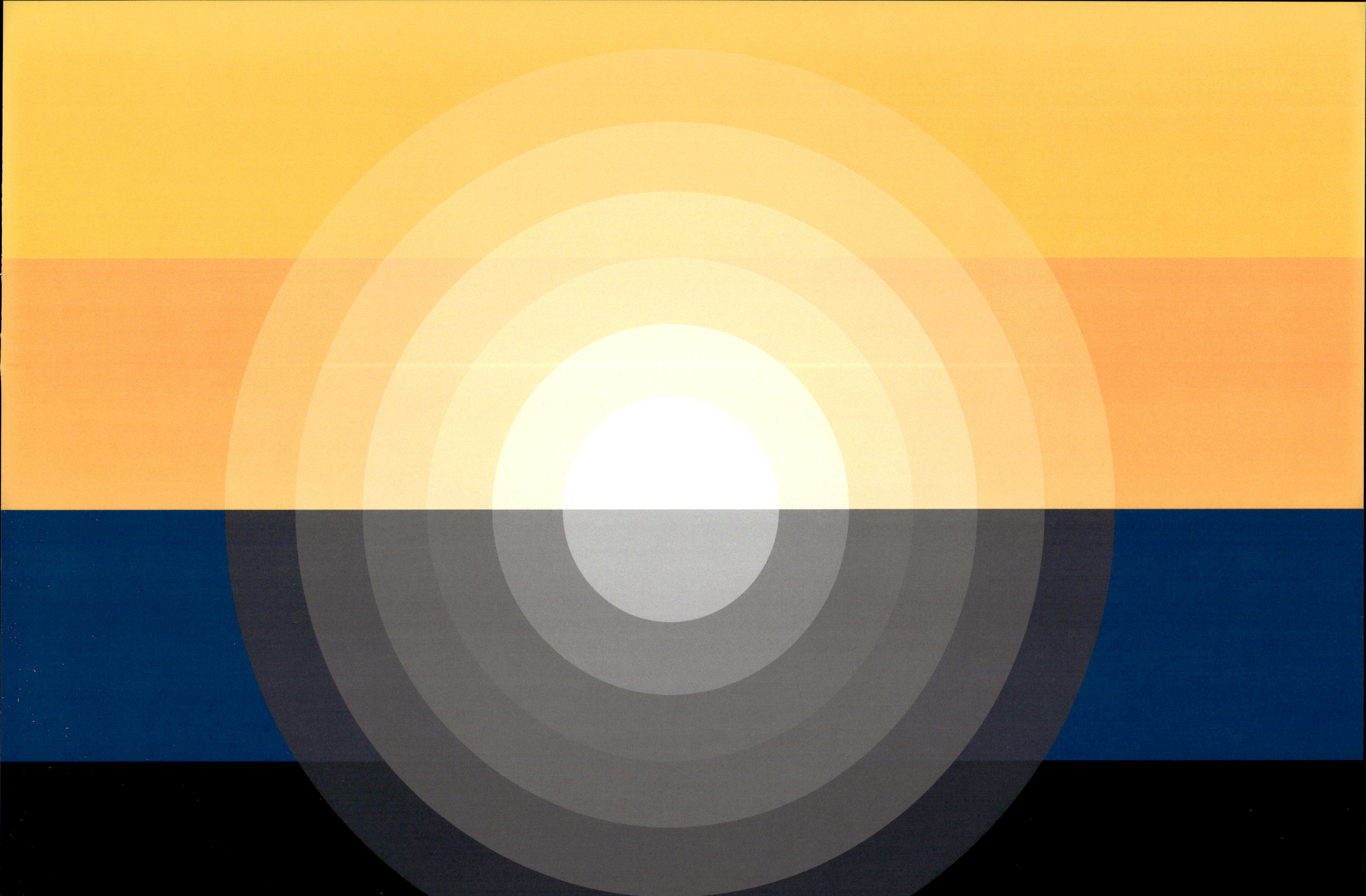

AUTORINNEN UND AUTOREN

Johanna Beck
geboren 1983, ist Redakteurin und Autorin. Sie hat beim Synodalen Weg mitgearbeitet und ist Mitglied im Zentralkommitee der deutschen Katholiken.

Christian Böck
geboren 1970, ist Priester des Bistums Passau und Leiter des Pilgerzentrums der Deutschen Bischofskonferenz in Rom.

Dr. Antonia Bräutigam
geboren 1990, arbeitet als Fachbereichsleitung und Lehrerin für Deutsch und Religion an der St. Angela-Schule in Königstein im Taunus.

Sr. Dr. Raphaela Brüggenthies OSB
geboren 1980, ist Benediktinerin der Abtei St. Hildegard in Rüdesheim am Rhein und dort Priorin und Novizenmeisterin.

Matthias Cameran
geboren 1984, entwickelt als Referent im Bistum Limburg und Redaktionsmitglied des Magazins EULENFISCH praxisrelevante Projekte für die Religionspädagogik und Kultur in der digitalen Welt.

Paul-Henri Campbell
geboren 1982, ist Theologe und Schriftsteller. Er lebt in Wien.

Stefan Diefenbach
geboren 1964, arbeitet als Verantwortlicher im Weltladen Bornheim in Frankfurt am Main. Der Diplomtheologe engagiert sich für LGBTIQ*MenschenRechte in der katholischen Kirche sowie für die NS-Gedenkstätte Kloster Arnstein.

Dr. Daniela Engelhard
geboren 1964, ist Theologin und Supervisorin/Coach. Sie leitet das »Forum am Dom« in Osnabrück.

Frank Greubel
geboren 1971, ist Geistlicher Begleiter, Systemischer Berater und Coach (SE), Autor und außerberuflicher Spielleiter und Schauspieler. Er wirkt als Seelsorger in einer Pfarreiengemeinschaft in Würzburg.

Marissa Hameier
geboren 2014, besuchte zur Zeit des Interviews die vierte Klasse.

Maren Hase
geboren 1980, arbeitet als Sozialarbeiterin an einer Förderschule. In der Pfarrei Mariä Himmelfahrt in Mülheim an der Ruhr gestaltet sie Wort-Gottes-Feiern sowohl für Kinder als auch für Erwachsene.

Stefan Herok
geboren 1957,»PastoralRefeRent/ner« in St. Bonifatius, Wiesbaden; freischaffend als Theologe und KirchenKabarettist: www.heroks.de

Julia Kleine
geboren 1969, arbeitet beim Caritasverband für die Diözese Limburg e. V. und begleitet Menschen in Veränderungsprozessen.

Koenige & Priester
ist eine deutsche Musikgruppe aus Köln, die aus drei Sängern, dem Ehepaar Florence Joy und Thomas Enns sowie dessen Bruder Jonathan und drei Musikern besteht. Die Band macht christliche Popmusik und spielte das Lied »Danke Deutschland« als Uraufführung beim Bundesfest in Kiel am 3. Oktober 2019.

Andrea Kolhoff
geboren 1961, studierte an der Freien Universität Berlin Theaterwissenschaft, Politologie und Publizistik und arbeitete bei verschiedenen Tageszeitungen; sie ist Redakteurin beim katholischen Magazin »Der Kirchenbote«.

Dr. Kirsten Lange-Wittmann
geboren 1967, arbeitet als Referentin für Kunst und Kultur im Katholisch-Sozialen Institut in Siegburg. Sie ist Mutter von vier Kindern. Ehrenamtlich ist sie in der Obdachlosenhilfe tätig.

Dr. Friederike Lanz
geboren 1977, hat Germanistik, Romanistik und Kunstgeschichte in Mainz und Bologna studiert. Ausgebildete Journalistin, arbeitet als Studienleiterin bei der Katholischen Erwachsenenbildung im Bistum Limburg.

Benjamin Litwin
geboren 1992, ist Referent für Theologie und Ethik beim Deutschen Caritasverband e. V. in Berlin und promoviert im Fachbereich Moraltheologie und Ethik an der Katholisch-Theologischen Fakultät der Universität Erfurt. Zudem arbeitet er seit einigen Jahren ehrenamtlich bei der Ökumenischen Bahnhofsmission Erfurt.

Beatrix Mählmann
geboren 1975, findet als Lehrerin und Schulseelsorgerin tägliches Proviant in der Bibel.

Charlotte Meister
geboren 1989, ist Gemeindereferentin im Bistum Limburg und studiert berufsbegleitend Crossmediale Glaubenskommunikation (Master).

Rainer Oberthür
geboren 1961, ist Dozent für Religionspädagogik am Katechetischen Institut des Bistums Aachen und Autor zahlreicher Bücher »für Kinder und alle im Haus« zu theologischen, philosophischen und biblischen Themen.

Gisela Püttker
geboren 1967, ist Gemeindereferentin in Osnabrück. Ihre Leidenschaft für die Bibel entwickelt sich immer mehr – in verschiedenen Übersetzungen, an unterschiedlichen Orten, in Lyrik, Bildern und nicht zuletzt in Formen und Farben.

Martin W. Ramb
geboren 1969, ist Leiter der Abteilung Religionspädagogik, Medien und Kultur im Bischöflichen Ordinariat Limburg und Chefredakteur des Kulturmagazins EULENFISCH. Außerdem ist er Herausgeber zahlreicher Publikationen.

Holger Rehländer
geboren 1978, arbeitet als Priester im Erzbistum Berlin und freut sich über Musik, Wortspiele und überraschende Begegnungen mit Gott und den Menschen.

Barbara Reichwein
geboren 1957, lebt als freiberufliche Journalistin mit ihrem Mann in Frankfurt. Ihre zwei Adoptivkinder haben FASD (Fetales Alkoholsyndrom).

Anna Reinhardt
geboren 1991, ist Hochschulseelsorgerin und Doktorandin in der katholischen Theologie für Kirchengeschichte des Mittelalters und der Neuzeit.

Sabine Sandmann
geboren 1968, ist Pfarrerin in Mülheim an der Ruhr und Musiktherapeutin. Sie liebt die kreative Arbeit mit Menschen und mit der Bibel.

Juliane Schlaud-Wolf
geboren 1967, ist Pastoralreferentin, Organisationsentwicklerin und Coach, leitet das Amt für katholische Religionspädagogik in Frankfurt.

Catrina E. Schneider
geboren 1961, Dipl. Theologin, Systemische Therapeutin und Psychoonkologin. Für die Einrichtungen der Franziskanerbrüder vom Hl. Kreuz, Hausen/ Wied leitet sie den Bereich Christliche Unternehmenskultur/Ethik und die Seelsorge zweier Einrichtungen. Weitere Engagements im Bereich Beratung, Coaching, Supervision. Mehrere lyrische Projekte und Veröffentlichungen.

Ivonne Schweitzer
geboren 1974, ist Oberstudienrätin für die Fächer Deutsch und katholische Religion und zurzeit abgeordnet an das Bischöfliche Ordinariat Limburg. Sie leitet das Religionspädagogische Amt in der Region Lahn-Dill-Eder/Limburg/Wetzlar.

Dietrich Sonnenberger
geboren 1967, ist evangelischer Gemeindepfarrer in Mülheim an der Ruhr. Er ist interessiert an kreativem Schreiben und neuen Methoden der Bibelauslegung.

Tobias Specker
geboren 1971, ist Jesuit, unterrichtet christlich-islamische Beziehungen in Sankt Georgen/Frankfurt und ist dort zugleich verantwortlich für die Jesuitenkommunität.

Bernd Steinfeld
geboren 1949, war Gemeindereferent im Bistum Osnabrück und engagiert sich seit 2014 in einer Gemeinde, die zum synodalen »Mülheimer Verband freikirchlich-evangelischer Gemeinden« gehört.

Valentin Steinfeld
geboren 2013, besuchte zur Zeit des Interviews die vierte Klasse.

Dr. Irme Stetter-Karp
geboren 1956, ist u.a. Sozialwissenschaftlerin und Medizinethikerin, seit 2021 Präsidentin des Zentralkomitees der deutschen Katholiken und vier Jahrzehnte hauptberuflich und ehrenamtlich in der katholischen Kirche engagiert.

Samuel Stricker
geboren 1981, ist Theologe und Geistlicher Begleiter und leitet das Zentrum für christliche Meditation und Spiritualität in Frankfurt.

Andreas Thelen-Eiselen
geboren 1982, ist Autor, Redaktionsmitglied des Magazins EULENFISCH, Lehrer und pädagogischer Koordinator an der St. Franziskus-Schule Koblenz.

Stephan Wahl
geboren 1960, ist katholischer Priester, lebt und arbeitet in Jerusalem und war langjähriger Sprecher der ARD-Sendung »Das Wort zum Sonntag«.

Ingrid Wegerhoff
geboren 1972, ist Theologin, Anglistin und Supervisorin. Sie leitet die Katholische Erwachsenenbildung Stadt- und Landkreis Heilbronn e. V.

Sarah Sophie Weyer
geboren 2006, ist Schülerin des Bischöflichen Cusanus Gymnasiums und bereitet sich auf ihr Abitur vor. Mittels Poetry Slams setzt sie sich gerne (gesellschafts-) kritisch mit Themen auseinander, mit denen sie in ihrem Leben konfrontiert wird.

Melanie Wurst
geboren 1983, ist Theologin und Systemische Beraterin. Sie arbeitet u.a. mit Betroffenen rechtsextremer, rassistischer und antisemitischer Gewalt.

DANK

Mein »Formen- und Farbenprojekt« ist für mich eine Reise, von der ich selbst nicht weiß, wo sie mich als nächstes hinführt. Als ich im Jahr 2022 mit »Die Bibel in Formen und Farben« mein erstes Buch veröffentlichte, hätte ich nicht gedacht, wie gut es angenommen würde, und dass ich im Jahr 2023 schon ein zweites Buch mit dem Titel »Trauer in Formen und Farben« herausgeben würde. Umso mehr freut es mich, dass jetzt – 2024 – mit »Die Bibel in Formen und Farben II« ein drittes Buch in dieser Reihe erschienen ist.

Besonders danken möchte ich den Autorinnen und Autoren, deren sehr persönliche und berührende Texte meine Bilder bereichern. Auch ihre Beiträge holen die Bibel in die Gegenwart und zeigen neue Perspektiven auf. Darüber hinaus möchte ich Dr. Friederike Lanz danken. Sie hat auch beim dritten Buch das Lektorat übernommen und war jederzeit für mich ansprechbar. Dass sie diesmal auch einen Impulstext zum Thema Freundschaft beisteuerte, passt wunderbar, denn genau so eine Freundschaft verbindet uns. Martin W. Ramb und Andreas Thelen-Eiselen stehen mir ebenso als Freunde aus dem Redaktionsteam des Kulturmagazins EULENFISCH immer zur Seite und unterstützen mich, wo sie können. Danke! Dem Verlag Schnell & Steiner danke ich für die vertrauensvolle Zusammenarbeit. Meiner gesamten Familie möchte ich danken, dass sie nicht aufhören, mich zu unterstützen, auch wenn ich immer wieder neue Ideen entwickele, die viel Zeit in Anspruch nehmen.

EBENFALLS IN DIESER REIHE ERSCHIENEN

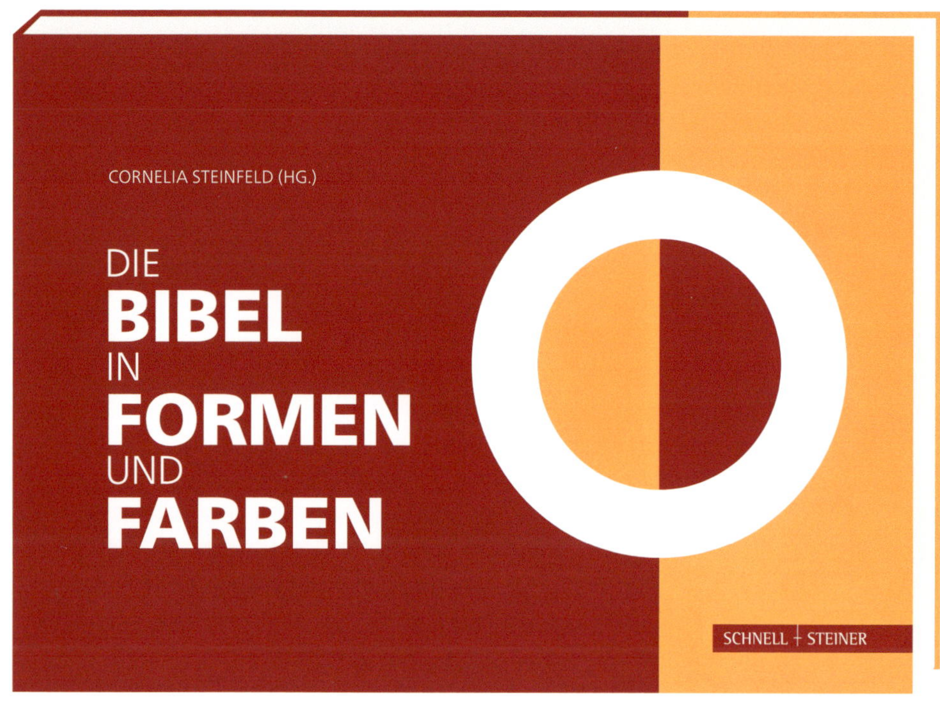

Sintflut, Nächstenliebe und Auferstehung. Die Bibel erzählt packende Geschichten, die seit Jahrhunderten in der Kunst aufgegriffen und gedeutet werden. Mit diesem Buch trifft Design auf Bibel. Durch eine vereinfachte Formen- und Farbsprache werden mehr als 40 zentrale Bibeltexte grafisch auf das Wesentliche reduziert und dadurch überraschende Zugänge eröffnet.

Cornelia Steinfeld (Hrsg.)
Die Bibel in Formen und Farben
2. Auflage 2023
96 Seiten
29,7 x 21 cm
fadengeheftet
19,95 €
ISBN: 978-3-7954-3789-3

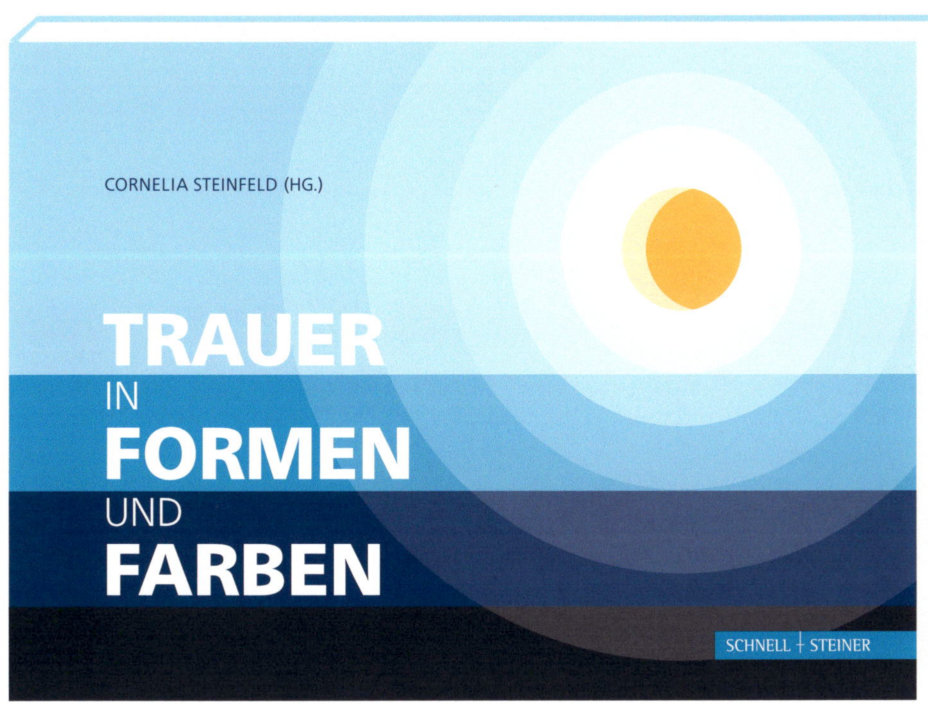

Cornelia Steinfeld (Hrsg.)
Trauer in Formen und Farben
1. Auflage 2023
96 Seiten
29,7 x 21 cm
fadengeheftet
20 €
ISBN: 978-3-7954-3848-7

Einsamkeit, Wut, Hoffnung: Trauer hat viele Gesichter. Wie gehen wir mit der eigenen Trauer und der anderer Menschen um? Privat und beruflich sind wir immer wieder mit dieser existentiellen Frage konfrontiert. Dabei kann der Trauer ein Todesfall vorausgehen, aber auch ein Abschied, eine Scheidung, eine Krankheit, eine traumatische Erfahrung oder das Verlorengehen einer Freundschaft.

Dieses Buch nimmt mit seinen Grafiken, die einer klaren Formen- und Farbsprache verpflichtet sind, mehr als 40 Bibelstellen in den Blick und eröffnet dabei überraschende und neue Zugänge zum Thema »Tod und Trauer«. Autorinnen und Autoren aus unterschiedlichen Lebensbereichen lassen uns zudem an ihren Erfahrungen mit dem weiten Feld der Trauer teilhaben. Eine bereichernde sowie berührende Lektüre, die traurig und nachdenklich, aber auch versöhnlich und hoffnungsfroh stimmt.

IMPRESSUM

Bibliographische Informationen der Deutschen Nationalbibliothek:
Die Deutsche Nationalbibliothek verzeichnet diese Publikation in der Deutschen Nationalbibliographie; detaillierte bibliographische Daten sind im Internet über https://dnb.de abrufbar.

ISBN 978-3-7954-3939-2

1. Auflage 2024

Druck: Grafisches Centrum Cuno GmbH & Co. KG, Calbe (Saale)

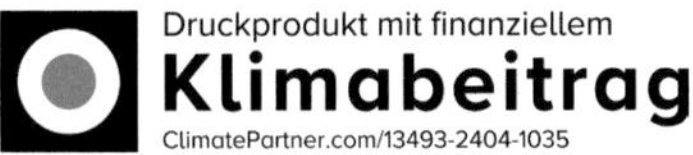

Die Bibeltexte entstammen der Einheitsübersetzung 2016 der Katholischen Bibelanstalt, Stuttgart.

Weitere Informationen zum Verlagsprogramm erhalten Sie unter:
www.schnell-und-steiner.de

Weitere Informationen zu den Büchern von Cornelia Steinfeld unter:
www.steinfeld-formenundfarben.de

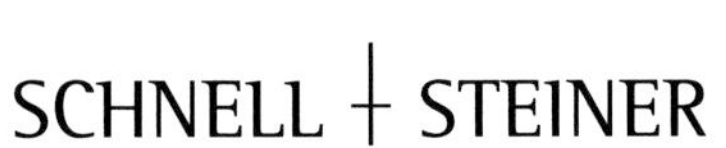

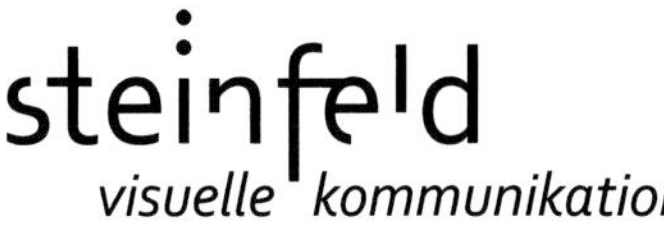